Felix Hofmann und Kati Wilhelm
Das Heimatlon-Kochbuch

Herausgeber Suhler Verlagsgesellschaft mbH & Co. KG.
Schützenstraße 2, 98527 Suhl

Redaktion Felix Hofmann, Kati Wilhelm,
Hendrik Neukirchner
Fotografie Wolfram Hartmann, Bernd Günther
Gestaltung/Satz Henri Selbmann, Agentur Seefeuer
für HCS Medienwerk GmbH
Lektorat Pierre Döring, Hendrik Neukirchner,
Felix Hofmann
Vertrieb/Marketing Silvia Bergner
Projektkoordination Hendrik Neukirchner

Verwendete Schriften Noticia (J. M. Solé),
Anodyne (R. Martinson), Special Elite (Astigmatic)

Druck Resch Druck GmbH
Gedruckt auf 120 g/m² MultiOffset®

2. Auflage 2018
© 2018, HCS Medienwerk GmbH
(im Auftrag des Herausgebers)
www.hcs-medienwerk.de

Printed in Germany

ISBN 978-3-9810357-8-0

DAS *Heimatlon* KOCHBUCH

FELIX HOFMANN

KATI WILHELM

Über das Heimatlon-Kochbuch:
Benutzen unbedingt erwünscht!

BEVOR WIR BEGINNEN

In unserem Heimatlon-Kochbuch haben wir die 100 Lieblingsrezepte von Kati Wilhelm und Felix Hofmann aus den vergangenen drei Jahren zusammen getragen. Gut ein Jahr hat Felix daran gearbeitet, hat die Rezepte mehrfach nachgekocht, hat probiert und experimentiert. Dann musste alles in Worte gefasst und in Bildern festgehalten werden. In tage- und nächtelangen Sitzungen hat er dann das Grundgerüst des Buches entwickelt. Ergänzt mit den Tipps von Kati zu jedem Rezept ist nun ein Kochbuch entstanden, was eigentlich viel mehr ist, als der Name Kochbuch auszudrücken vermag.

Sie, liebe Leserin und lieber Leser, finden hier Rezepte für jeden Anlass. Die Rezepte stehen zwar als jeweils eigenständige und vollwertige Mahlzeit, beziehungsweise als Getränke, Marmelade, Brot oder Dip zur Verfügung, lassen aber auch viel Freiraum zum kombinieren und variieren. Durch Katis Tipps können einzelne Rezepte beispielsweise zu ganzen Gerichten und Menüs verknüpft werden – oder etwas völlig Neues entsteht daraus. Die einleitende

Charakteristik soll helfen, den gewünschten Geschmack schnell zu finden. Haben Sie keine Angst vor langen oder vermeintlich komplizierten Rezepten. Kochen Sie einfach drauf los! Probieren Sie, was das Zeug hält! Kochen ist kein Teufelswerk und Fehler machen ist erlaubt! Auch das kreative Abwandeln der Rezepte ist ausdrücklich erwünscht. Bereiten Sie so vielen Freunden wie möglich mit Ihrem Selbstgekochten und Selbstgebackenen eine Freude. Wundern Sie sich aus diesem Grund auch nicht über die etwas unüblich großen Mengenangaben in unserem Heimatlon-Kochbuch: Die Rezepte sind im Schnitt für sechs bis acht Personen gerechnet, denn wenn man ohnehin einmal den Aufwand betreibt, lohnt sich das wenigstens richtig! Wenn Sie es kleiner mögen, rechnen Sie die Mengen einfach prozentual nach unten.

Grundsätzlich verwenden wir bei den Rezepten Bio-Produkte, im Idealfall regionale Erzeugnisse. Die jeweils angegebenen Mengen beziehen sich auf das geputzte, geschälte oder entkernte Gewicht des Gemüses oder Obstes.

Durch den QR Code auf Seite 200 lassen sich die Rezepte übrigens auf Tablet oder Smartphone anzeigen und somit überallhin mitnehmen, ohne das Buch schmutzig zu machen. Wenn jedoch mal ein Saucenfleck auf einer Seite ist – einkreisen und Datum dazuschreiben! Benutzen Sie das Heimatlon-Kochbuch und lassen Sie es nicht in Ihrem Bücherregal stehen – das ist unser größter Wunsch. Und kommen Sie mal bei uns vorbei und berichten Sie von Ihren eigenen Kocherlebnissen!

Abschließend möchten wir uns bei Wolfram Hartmann (Fotografien), Henri Selbmann (Layout und Gestaltung), Hendrik Neukirchner (Textbearbeitung und Redaktion) und Pierre Döring (Lektorat) sowie allen anderen bedanken, die bei der Herstellung unseres Heimatlon-Kochbuches mitgewirkt haben.

Viel Spaß beim Lesen
und Ausprobieren wünschen
Kati Wilhelm und Felix Hofmann.

INTRO

Inhalt

GEWÜRZE UND PASTEN

SUPPEN UND EINTÖPFE

BROT UND HERZHAFTES GEBÄCK

AUFSTRICHE, DIPS, KONFITÜREN

SALATE UND DRESSINGS

Inhalt

GETRÄNKE

ABSPANN

Der Rock'n'Roller unter den Köchen

FELIX HOFMANN

wurde 1990 in der alten Waffenstadt Suhl geboren und wuchs ländlich und naturnah im beschaulichen Ortsteil Mäbendorf auf. Schon in Kindheit und früher Jugend zog es ihn an den heimatlichen Herd, er experimentierte mit all den essbaren Dingen aus dem elterlichen Kühlschrank und der Vorratskammer und kam so zu seinen ersten kulinarischen Erfahrungen. Im Jahr 2006 verließ er den Thüringer Wald – das Vaterland der Thüringer Rostbratwurst und der Thüringer Klöße – und begann folgerichtig eine Ausbildung zum Koch in einem renommierten und mit Michelinstern »garnierten« Gourmethotel in Bregenz am Bodensee. Nur zwei Jahre später gewann Felix Hofmann die Goldmedaille bei den Nationalen Meisterschaften der Gastronomie-Auszubildenden, dem Bundes-Lehrlingswettbewerb in Graz. 2009 war die Lehre zu Ende – und zwar mit Auszeichnung an der international anerkannten Landesberufsschule Schloss Hofen in Lochau. Von nun an bekochte er seine Gäste in verschiedenen angesehenen Restaurants bis er 2011 seine erste Küchenchefstelle in einem österreichischen Traditionsgasthaus antrat. 2014 kehrte er wieder in seine alte Heimat zurück und ist hier seit der Eröffnung des Genusslokals Heimatlon im September desselben Jahres als Küchenchef tätig. Die klassische Thüringer Rostbratwurst wird man aus seinen Händen genauso wenig auf den Teller bekommen, wie auch die normalen Thüringer Klöße. Denn Felix Hofmann

möchte seinen Gästen immer das Besondere bieten, das Einmalige, das, was es eben nicht überall zu essen und zu genießen gibt. Dabei verliert er aber nie die gastronomische Tradition seiner Heimat aus dem Sinn, sondern verleiht dieser mit immer neuen, wunderbar wohlschmeckenden und häufig auch verrückten Kreationen originelles und eigenständiges Leben. Am liebsten interpretiert er alte Klassiker auf seine eigene Art. Weitere Inspirationen und Ideen holt er sich auf zahlreichen Reisen. So tingelte er 2012 über 11.000 Kilometer entlang der Küstenregion Westeuropas und probierte sich durch die unzähligen Restaurants, Küchen und Kneipen uralter und moderner Städte. Die geschmacklichen Ergebnisse dieser Reisen wecken seine Experimentierlust immer wieder aufs Neue.

Er liebt den Thüringer Wald und alles was darin zu finden ist. Und genau wie er immer und immer wieder die Stille und Einsamkeit der Natur sucht, wenn er mit seinem Hund die heimischen Wälder durchstreift, braucht er laute Musik zum Kochen. Da passt es ganz gut, dass Felix Hofmann seinen eigenen Kochstil selbst als Rock'n'Roll-Kitchen bezeichnet.

Als Spätzünderin bis ganz nach vorn

KATI WILHELM

Unvergessen ist der Auftritt bei ihrer ersten Weltmeisterschaft als Biathletin: Die damals 24-jährige Außenseiterin Kati Wilhelm startete das Sprintrennen mit der frühen Startnummer Drei, schoss und lief fabelhaft und zitterte dann im Ziel eine knappe Stunde lang, bevor ihr deutlicher Sieg vor Uschi Disl, Titelverteidigerin Liv Grete Skjelbreid-Poirée und Katrin Apel feststand. »Daheim in Thüringen werden meine Eltern jetzt dringend ein Sofa zum Sitzen brauchen.«, erklärte Kati nach dem Husarenstück den überraschten Journalisten. Von diesem Moment an legte Kati, die von den Medien gern »Rotkäppchen« genannt wurde, eine sportliche Karriere hin, die ihresgleichen sucht. Dreimal Olympiasiegerin, dreimal Vizeolympiasiegerin, einmal Bronze bei Olympischen Spielen, gleich fünfmal Weltmeisterin, viermal Silber und viermal Bronze bei Weltmeisterschaften – bis heute zählt sie zu den erfolgreichsten Sportlerinnen ihrer Zunft. 37 Weltcupsiege stehen auf ihrem Konto. Dabei kam sie eigentlich vom Langlauf, wo sie sich nie bis ganz nach vorne durchsetzen konnte und begann somit ziemlich spät, die internationale Biathlon-Elite sozusagen von hinten her aufzurollen. Genau zehn Jahre nach ihrem Debüt bei den Skijägerinnen beendete sie 2010 ihre Laufbahn und zog sich dennoch nie gänzlich vom Sport zurück. Als TV-Expertin ist sie nach wie vor bei der ARD im Einsatz. Sie engagiert sich ehrenamtlich, ist Botschafterin und Schirmherrin bei zahlreichen sozialen Projekten und gibt ihr Wissen bei Trainingscamps an junge Sportlerinnen und Sportler weiter. Außerdem referiert sie bei Kongressen oder Tagungen über ihre Erfahrungen als Leistungssportlerin in puncto Motivation, Zielorientierung und Entscheidungsfindung. Eine solche Entscheidung führte schließlich 2014 zur Eröffnung des Genusslokals »Heimatlon«. Hier ist Kati Wilhelm heute als Unternehmerin, als Chefin zuhause, hier in ihrer Heimatstadt Steinbach-Hallenberg, die sie zur Ehrenbürgerin ernannt hat und der sie mit ihrem wirtschaftlichen Engagement auch etwas von der langjährigen Unterstützung zurück geben will. Wer Kati ein wenig kennt, der weiß auch, dass sie ihre neue Lebensaufgabe nicht minder ernst nimmt, als den sportlichen Wettkampf. Obwohl sie mittlerweile eine Familie gegründet und trotz ihrer umfangreichen Verpflichtungen viel Zeit mit Lotta und Jakob verbringen möchte, ist sie so oft es geht in ihrem Restaurant anzutreffen und so mancher Gast wundert sich verdutzt, wenn er plötzlich persönlich von Kati Wilhelm bedient wird. Wenn der Gast dann nach Autogrammkarten fragt und diese alle sind, dann flitzt sie kurzerhand nach Hause und bringt neue vorbei. Kati Wilhelm steht damals wie heute mit beiden Beinen mitten im Leben und ist trotz ihrer Bekanntheit stets heimatverbunden, freundlich, sympathisch und hemdsärmelig geblieben.

Heimatlon

Spitzenküche im Schatten der Hallenburg

Die Straße, die durch den ehemaligen Doppelort Steinbach-Hallenberg führt, der landschaftlich wunderschön im Haseltal am Südwestabhang des Thüringer Waldes liegt, ist verhältnismäßig lang für ein solch kleines Städtchen. Wie eine graue Schlange windet sie sich durch die Häuserschluchten und teilt den Ort in zwei Hälften. Schöne Fachwerkhäuschen reihen sich links und rechts dieser in Asphalt gegossenen Schlange aneinander und über allem thront auf einem 80 Meter hohen Porphyrfelsen das Wahrzeichen der Stadt – die Burgruine Hallenburg. Die spätromanische Burg am Arnsberg ist mit dem 20 Meter hohen Bergfried und Resten der Kernburg nicht nur eine historische, sondern auch eine mystische Kostbarkeit. Sie wacht seit Jahrhunderten über dem Ort und prägt vor dem Hintergrund der dunkelgrünen Berge das urbane Panorama. Mitten drin in diesem thüringischen Kleinod hat im Jahr 2014

die einstige Biathlonikone Kati Wilhelm ein Genusslokal eröffnet – das Heimatlon. Eine alte Milchbar, die später als Kneipe genutzt wurde, hat die mehrfache Olympiasiegerin und Weltmeisterin in ein kleines, feines Restaurant umgewandelt. In einem klassisch-modernen und zugleich doch traditionell-urgemütlichen Ambiente erwartet den Gast absolute Spitzenküche. Spitzenküche aus Thüringen, heimatverbundene Spitzenküche mit allerlei Einflüssen aus fernen und nahen Ländern, mit Eigenkreationen, mit Lust und Freude am Experimentieren, mit bekannten und unbekannten Aromen. Spitzenküche mit Liebe, Leidenschaft und Hingabe, die an fünf Tagen in der Woche zu erleben und zu schmecken ist. Mit ihrem Koch, dem Suhler Felix Hofmann, hat Kati Wilhelm einen Glücksgriff gemacht. Felix Hofmann ist ein gleichermaßen bodenständiger, wie experimentierfreudiger junger und unverbrauchter Koch, der seine ganz eigenen Vorstellungen von seinem Handwerk hat – und Kati Wilhelm lässt ihm dafür alle Freiheiten. Die beiden funktionieren als Team wunderbar – und diese Harmonie spürt man in jedem Winkel des Heimatlons.

DIE WICHTIGSTEN KOCHUTENSILIEN

Für optimalen Kochspaß ist eine gewisse Grundausrüstung von Nöten. Es muss nicht immer das Beste und das Teuerste sein, was der Markt hergibt. Hier muss jeder für sich entscheiden und abwägen wie häufig und ausgiebig er kocht und danach die Qualitätsstufe der Ausrüstung bestimmen. Hier ein kleiner Überblick über die, für dieses Buch benötigten, Küchenwerkzeuge:

- Küchenwaage
- Kochmesser
- Sparschäler
- Vierkantreibe
- Stabmixer
- Schneebesen hart und weich
- Kräftiger Mixer oder Smoothiemaker (z. B. Thermomix oder FoodCircus)
- Muffinbleche
- Kastenbackform
- Kuchenspringform 24 cm
- Pizzablech 32 cm Durchmesser
- Ofenbackblech
- Kartoffelpresse
- Pfannenwender
- Kochlöffel
- Schüsseln

- Schneidbrett
- Töpfe und Pfannen
- Schöpflöffel
- Sieb
- Trichter
- Messbecher
- Mörser und Stößel
- Auflaufform
- Bräter mit Deckel
- Holzkohlegrill
- Tischräucherofen (z. B. von DAM für ca. 30 €)
- Aufbewahrungsboxen und Schalen
- Schnappverschlussflaschen
- Einkochgläser (z. B. Weck)
- Timer
- Dampfgaraufsatz für Topf oder Thermokocher

Unverzichtbare Küchenutensilien im Heimatlon: Hand-
geschmiedete »Lindenlaub-Messer« aus mehrfach
gefaltetem Damaststahl; hergestellt in der kleinen
südthüringischen Gemeinde Rohr.

intro

DIE WICHTIGSTEN GEWÜRZE UND AROMEN DER HEIMATLON-KÜCHE

- Frische Lorbeerblätter
- Frisch geriebene Zitronenschale
- Knoblauch
- Ingwer
- Kreuzkümmel
- Orangenpfeffer
- Wacholderbeeren
- Rosmarin
- Thymian
- Liebstöckel
- Blattpetersilie
- Waldhonig
- Kokosmilch
- Zwiebeln
- Ursalz
- Schwarzer Pfeffer
- Majoran
- Paprikapulver
- Buchenholzrauch
- Olivenöl
- Butter
- Balsamico-Essig
- Weißer Balsamico-Essig
- Peperoni
- Maracuja und Passionsfrucht
- Karotte
- Stangensellerie
- Lauch
- Schnittlauch
- Tomatenmark

Diese Zutaten ziehen sich gewollt wie ein roter Faden durch das ganze Buch, auch wenn man auf den ersten Blick denken könnte, dass somit alles die gleiche Aromatik besitzt. Dem ist mitnichten so, denn jedes Gewürz verhält sich anders – je nachdem, mit was es kombiniert wird und wann man es dem jeweiligen Gericht hinzugibt.

Manche Aromen sind sehr fein und verfliegen schnell, wenn man sie zu lange kocht oder zu stark röstet. Andere wiederum sind kräftig und einmal dem Gericht zugegeben, nicht wieder herauszubekommen.

Und deshalb auch die Grundregel: Rein geht immer, Raus nimmer. Trotzdem sollten Gewürze immer eine besondere Behandlung erfahren, denn einfach mal ein Paprikapulver in eine Sauce streuen, um mehr Aroma hineinzubekommen, ist ein großer Fehler. Gewürze sollten bei warmen Gerichten immer mit angeschwitzt werden, möglichst lang und hitzereduziert, nur dann entfaltet sich deren wahre Stärke und Vielschichtigkeit. Kräuter hingegen kann man wohldosiert und ruhigen Gewissens auch noch am Ende des Kochvorgangs ergänzen. Aber auch hier variiert das Aroma des Endproduktes dann ein wenig. Ein gewisser Grundbestand an Gewürzen sollte immer im Haus sein – und wenn einige aus diesem Buch fehlen sollten, dann kann man den Kauf als kleine Grundinvestition sehen, da diese ja nicht nur für ein Rezept, sondern gleich für eine ganze Reihe Rezepte verwendet werden können.

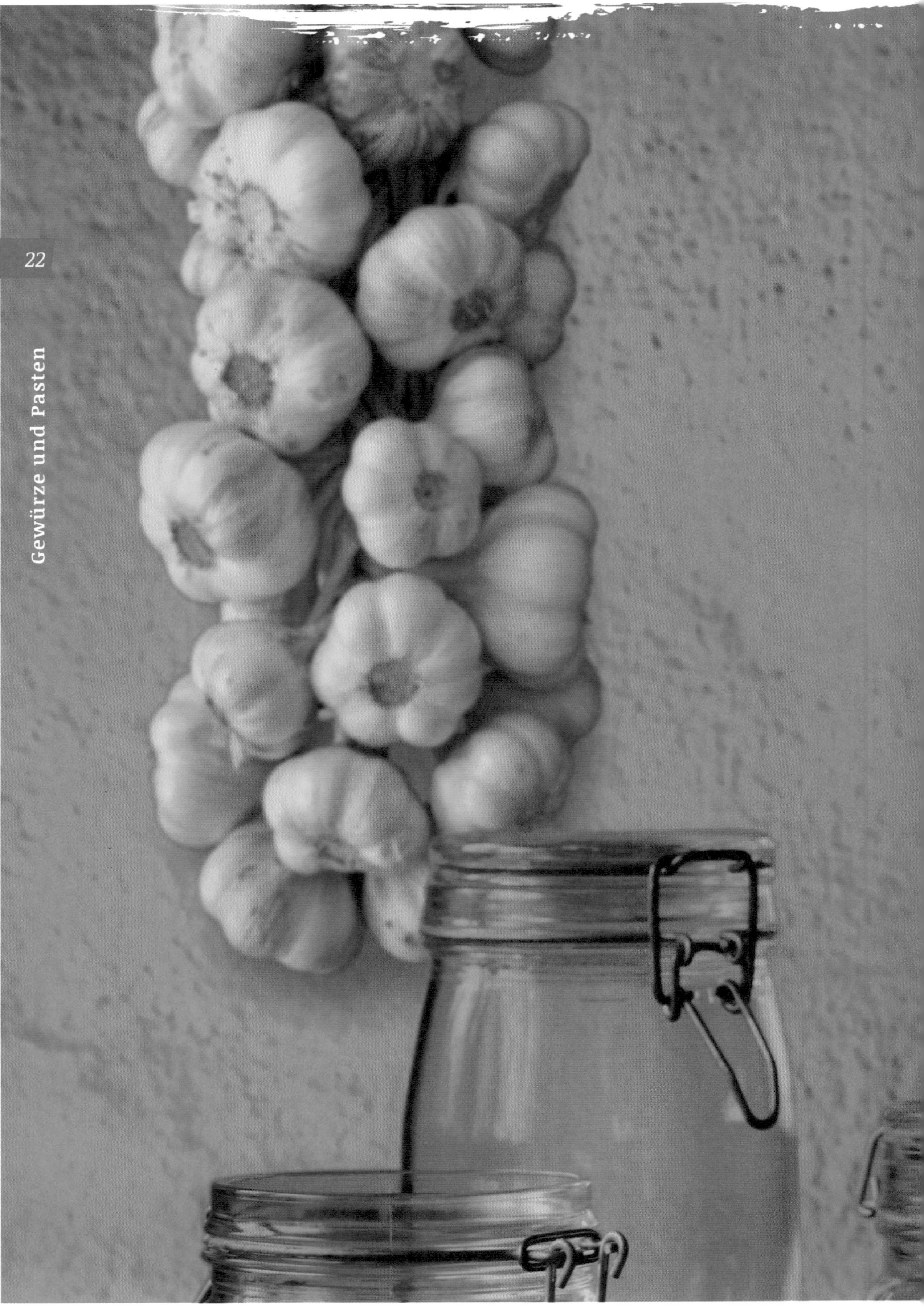

GEWÜRZE UND PASTEN

Jedes Gericht wird bestimmt von den Aromen, die man dafür wählt. So lässt sich jede Zutat beliebig variieren. Mit den Gewürzpasten im Kühlschrank und den Streugewürzen im Regal gelingt das Kochen im Handumdrehen und verleiht jeder einzelnen Speise eine außergewöhnliche Note. Die Gewürze sind – in kleinen Gläschen abgefüllt – außerdem individuelle und außergewöhnliche Geschenke für Freunde und Familie.

Wer keine Zeit oder Lust hat, die Gewürzpasten selbst herzustellen – keine Panik! Die Rezepte in diesem Buch gelingen auch mit der jeweiligen frischen Zutat. Ungefähr ein Viertel der jeweiligen, frischen Zutat weniger verwenden, als im Rezept mit Paste angegeben ist. Zum Beispiel, statt zwei Esslöffel Knoblauchpaste, eineinhalb Esslöffel frisch gehackten Knoblauch einsetzen.

Nicht nur farbenfroh, sondern auch extrem aromatisch: Die Gewürze für die Heimatlon-Küche kommen vom österreichischen Unternehmen Wiberg.

PEPERONIPASTE

300 g	Rote Peperoni
150 ml	Olivenöl
50 g	Ursalz

KNOBLAUCHPASTE

300 g	Knoblauch geschält
50 g	Ursalz
100 ml	Zitronensaft
100 ml	Sonnenblumenöl

INGWERPASTE

300 g	Ingwer geschält
50 g	Ursalz
100 ml	Limettensaft

MEERRETTICHPASTE

300 g	Meerrettich
200 ml	Sonnenblumenöl
50 g	Ursalz

Die Zutaten im Mixer fein pürieren und in einem Schraubglas luftdicht verschließen. Im Kühlschrank halten diese Pasten etwa zwei Monate.

KATIS TIPP: »Einmal die Mühe gemacht und alle Pasten in einem Schwung hergestellt, spart man sich viel Arbeit und Mühe. Mit den Pasten lässt sich auch im Nachhinein alles einfach nachbessern und abschmecken. Ich mache z. B. gern einen Grilldipp aus 200 g Cremè fraîche, 100 g Sahnejoghurt, 1 EL Knobipaste und etwas Vanillesalz. Aber auch die Rippchensauce (Seite 116) lässt sich mit den Pasten nachträglich durch Peperonipaste schärfer, Ingwerpaste asiatischer oder Knoblauch rustikaler machen.«

Gewürze und Pasten

FISCH-WÜRZSALZ

100 g	Ursalz
20 g	Dill, getrocknet
10 g	Orangenpfeffer
20 g	Rohrzucker
0,1 g	Safran, gemahlen
1	Msp. Vanille, gemahlen
+	Schale von einer Zitrone

Alle Zutaten im Mixer miteinander vermahlen.

KATIS TIPP: *»Schmeckt nicht nur auf Fisch, sondern auch auf Hühnchen oder Kaninchen. Ich würze mit diesem Salz immer etwas Joghurt und nehme ihn als Dip für Ofenkartoffeln oder Gemüsesticks.«*

FLEISCH-WÜRZSALZ

100 g	Ursalz
50 g	Papayakerne
10 g	Wacholderbeeren
20 g	Rohrzucker
3	Lorbeerblätter

Die Papayakerne in einer Pfanne ohne Öl zusammen mit den Wacholderbeeren knusprig rösten und abkühlen lassen. Dann mit den anderen Zutaten im Mixer fein mahlen.

KATIS TIPP: *»Wenn man das Salz vorher in einem Tischräucherofen für 5 Minuten über Buchenrauch räuchert, bekommt man ein leckeres BBQ-Aroma.«*

VANILLESALZ

100 g	Ursalz
2	Vanilleschoten
20 g	Rohrzucker
+	Schale von einer Zitrone

Alle Zutaten im Mixer fein mahlen und über Nacht offen trocknen lassen.

KATIS TIPP: *»Unglaublich lecker auf rauchigem Rindfleisch vom Grill oder geschmorten Rinderbäckchen. Ich würze gern gedämpften Kabeljau damit oder Kohlrabi in etwas Sahne gekocht.«*

Suppen und Eintöpfe

SUPPEN UND EINTÖPFE

Suppen und Eintöpfe sind Medizin für Leib und Seele. Was hilft einem mehr, wenn man sich nicht wohl fühlt, als eine kräftige Suppe, gekocht von einem Menschen, den man gern hat?

Suppen sind in allen Ländern der Welt ein wichtiger kulinarischer Grundstein der Kochkünste und aus den großen und kleinen Küchen nicht wegzudenken. Seit Menschengedenken werden sie aus allem gekocht, was die Natur hergibt. Und deshalb gibt es auch eine unendlich große Menge an Rezepten und Variationen von Suppen. Unsere kleine Auswahl ist für jede Situation gedacht – sowohl für den einfachen Hunger, als auch die feinfühlige Zunge von verwöhnten Gourmets.

Die verschiedenen Aromen dieser Rezepte sind wie eine kleine kulinarische Weltreise, aber mit dem Anker im Heimathafen. Das Grundprodukt ist immer aus der Heimat, angehaucht mit etwas Fernweh und Fantasie.

Absolut regional und garantiert Bio: Hühner, Enten und Gänse holen Kati und Felix direkt bei Christian Hoch. Dessen gleichnamiger Erdbeer- und Geflügelhof steht für frische und hochwertige Erzeugnisse aus der Rhön.

»Zitrone und Kreuzkümmel verwandeln die Thüringer Wurstspezialitäten der sonst so klassischen Linsensuppe wieder in das, was sie einmal war – ein orientalischer Genuss.«

LINSENEINTOPF

600 g	Zwiebeln
200 g	Lauch
200 g	Möhren
200 g	Stangensellerie
200 g	Speck (geräuchertes Bauchfleisch)
200 g	Presskopf
200 g	Rotwurst
15 g	Orangenpfeffer
10 g	Kreuzkümmel, gemahlen
5 g	Kümmel, gemahlen
1 EL	Rote Currypaste
75 g	Knoblauchpaste
100 g	Waldhonig
4	Lorbeerblätter
10	Wacholderbeeren
20 g	Majoran, frisch gehackt
500 ml	Orangensaft
2 L	Fleischbrühe
+	Schale von 3 Zitronen
250 g	Berglinsen
250 g	Rote Linsen
+	Salz und Essig

Als erstes das Gemüse putzen, schälen und in 1 cm große Würfel schneiden. Ebenso den Speck, Presskopf und Rotwurst fein würfeln. Dann den Speck in einem weiten Topf ohne Fett knusprig anrösten und die Gemüsewürfel dazugeben. Alles für etwa 5 Minuten goldgelb anrösten. Nun Presskopf, Rotwurst, Gewürze, Kräuter und Waldhonig dazugeben und alles für weitere 5 Minute anrösten. Jetzt mit Orangensaft und Fleischbrühe aufgießen und alles etwa 20 Minuten köcheln. Dann die Berglinsen dazugeben und für 10 Minuten köcheln, weil diese 10 Minuten länger brauchen als die Roten Linsen, dann diese dazugeben und nochmals 15 Minuten kochen. Mit Salz und etwas Essig abschmecken.

KATIS TIPP: »Einfach mal Presskopf und Blutwurst weglassen und nur die halbe Menge Flüssigkeit nehmen und fertig ist die Beilage zu Lammbraten oder Indischem Hühnchen.«

»Feurig, fruchtig, vegetarisch – hier trifft nicht Wurstrest auf Tomatensauce, sondern kräftige Gewürze verwandeln frisches Gemüse in einen herrlichen Eintopf.«

SOLJANKA

Suppen und Eintöpfe

1 kg	Zwiebeln
15 g	Geräuchertes Paprikapulver
20 g	Paprikapulver, edelsüß
10 g	Paprikapulver, scharf
2 EL	Majoran, gefriergetrocknet
1 TL	Orangenpfeffer
1/2 TL	Kreuzkümmel
75 g	Knoblauchpaste
75 g	Ingwerpaste
3	Lorbeerblätter
6	Wacholderbeeren
150 g	getrocknete Tomaten in Öl
150 g	Gewürzgurken
50 g	Kapern
100 g	Honig
150 g	Tomatenmark
3	Zitronen (nur das Fleisch)
500 ml	Weißwein
300 g	Ajwar, mild
1,5 L	Gemüsebrühe
je 150 g	Paprika gelb, grün, rot
3	Peperonischoten
250 ml	Maracujasaft
+	Salz und Pfeffer

Die Zwiebeln schälen und in feine Würfel schneiden. Dann in etwas Sonnenblumenöl anschwitzen und die Gewürze dazugeben. Nun die Kapern, Trockentomaten und Gewürzgurken fein zusammenhacken und dazugeben. Das Fleisch der drei Zitronen fein schneiden, zusammen mit Honig und Tomatenmark hinzugeben und weiter anschwitzen. Weißwein und Ajwar hineingeben und mit der Gemüsebrühe aufgießen. Die Suppe muss jetzt für 30 Minuten köcheln. Derweil die Paprika- und Peperonischoten waschen und entkernen. Dann in circa 2 cm große Stücke schneiden, in etwas Olivenöl anbraten und zur Suppe geben. Nun nur noch mit Salz, Pfeffer und Maracujasaft abschmecken und 10 Minuten köcheln lassen.

KATIS TIPP: *»Dieses vegetarische Soljanka-Rezept kann durch das Weglassen von einem Liter Gemüsebrühe ganz leicht in eine leckere Letschosauce umgewandelt werden. Und wer in seiner Soljanka unbedingt Fleisch braucht, dem empfehle ich als Einlage unsere Hackbällchen (Seite 110).«*

»Der Klassiker meiner Oma. Der Geschmack meiner Kindheit. Liebstöckel und Petersilie verfeinern den Geschmack von Huhn und Wurzelgemüse.«

KRÜMPELSUPPE

1,5 kg	Bio-Hähnchen
3 L	Wasser
100 g	Möhren
150 g	Stangensellerie
100 g	Zwiebel
3	Lorbeerblätter
5	Wacholderbeeren
+	Salz

Das Wasser zum Kochen bringen, gut salzen und das küchenfertige Hähnchen darin eine Stunde köcheln. Derweil das Gemüse waschen und in grobe Würfel schneiden. Auch die Zwiebel mit äußerer Schale schneiden. Sie verleiht der Suppe eine goldene Farbe. Jetzt die Gemüsewürfel und Gewürze in die Suppe geben und nochmals 30 Minuten köcheln. Dann die Suppe vom Herd nehmen, das Hähnchen herausheben, das Fleisch sauber vom Knochen lösen und in Würfel schneiden. Die Brühe nun durch ein Sieb gießen.

3 EL	gehackte Petersilie
3 EL	gehackter Liebstöckel
350 g	Dinkelmehl
4	Eier
100 ml	Mineralwasser
+	Salz, Pfeffer, Muskatnuss

Nun die Hühnerbrühe mit den Fleischwürfeln aufkochen. Währenddessen aus Dinkelmehl, Eiern und Wasser einen zähen Teig herstellen und gründlich abschmecken. Nun den Teig auf ein Brett streichen und mit einem Messer kleine Teile davon in die kochende Brühe schaben. Wenn der gesamte Teig in die Suppe geschabt wurde, nur noch die Kräuter in die Suppe geben und 2 Minuten köcheln lassen.

KATIS TIPP: »Diese Hühnerbrühe ist meine Standard-Fleischbrühe und universell in fast allen Rezepten einsetzbar. Statt der Mehlklößchen mache ich für meine Kinder meistens Nudeln in die Suppe, dann kann ich sie kaum noch bremsen beim Essen.«

»Provinz trifft Provence – Thüringer Gehacktes, Majoran und Zwiebeln werden durch Rosmarin, Thymian und Knoblauch französisch angehaucht.«

ZWIEBELEINTOPF

500 g	Speck
125 g	Butter
1,5 kg	Zwiebeln
500 g	rote Zwiebeln
125 g	Waldhonig
1 EL	frisch gehackter Majoran
5	Thymianzweige
3	Rosmarinzweige
2 EL	Knoblauchpaste
3	Lorbeerblätter
5	Wacholderbeeren
250 g	Tomatenmark
500 ml	Weißwein
100 ml	Weinbrand
2 l	Fleischbrühe
750 g	Hackfleisch halb/halb
+	Salz und Pfeffer

Die roten und weißen Zwiebeln schälen, halbieren und in Streifen schneiden. Den Speck in feine Würfel schneiden und in einem Topf ohne Fett goldbraun anrösten. Die Butter und die Zwiebelstreifen dazugeben und goldgelb anrösten. Dann den Honig, Kräuter und Gewürze dazugeben und alles 5 Minuten anschwitzen. Jetzt mit Weißwein und Weinbrand ablöschen und mit dem Tomatenmark 10 Minuten köcheln lassen. Mit Fleischbrühe (oder Geflügelbrühe, Seite 38) aufgießen und nochmals 10 Minuten kochen lassen. Aus dem Hackfleisch kleine Klößchen formen und in die Suppe geben. Mit Salz und Pfeffer abschmecken und nochmals 5 Minuten kochen.

KATIS TIPP: »Diese Suppe schmeckt besonders gut an kalten Herbst- und Wintertagen, wenn man gerade von draußen kommt, hungrig ist und friert. Statt dem Hackfleisch kann man auch Hühnchen- oder Rindfleischstreifen hineingeben und mit gehacktem Liebstöckel bestreut genießen.«

»Leicht pikant von Ingwer und Currypaste wird
die fruchtige Zitronengrasnote in Szene gesetzt.
Bringt etwas Asien und Exotik in jede Küche.«

FRUCHTIGE ZITRONENGRASSUPPE

500 g	Zwiebeln
500 g	Ananas
6	Zitronengras-stangen
300 g	Mango
30 g	Rote Currypaste
300 g	Banane
75 g	Ingwer
1 EL	Knoblauchpaste
1 TL	Kreuzkümmel
500 ml	Maracujasaft
1,5 L	Gemüsebrühe
1 L	Kokosmilch
+	Salz, Pfeffer

Die Zwiebeln, den Ingwer und das Obst schälen. Die Mango entkernen. Dann die Zwiebeln und den Ingwer in feine Würfe schneiden und zusammen mit dem in feine Stücke geschnittenem Zitronengras in etwas Sonnenblumenöl bei mittlerer Hitze langsam andünsten.

Derweil das Obst in grobe Stücke schneiden. Wenn die Zwiebeln glasig sind, die Gewürze und die Currypaste dazugeben und weiter mäßig anschwitzen, ohne dass die Gewürze am Topfboden anbrennen. Jetzt das geschnittene Obst dazugeben und für 5 Minuten mit Deckel dünsten lassen. Zwischendurch kurz umrühren.

Nun mit dem Maracujasaft ablöschen und um ein Drittel reduzieren lassen. Dann mit der heißen Gemüsebrühe aufgießen und 10 Minuten köcheln lassen. Anschließend die Kokosmilch hinzugeben und weitere 10 Minuten kochen.

Die Suppe in einen starken Mixer geben und so fein wie möglich pürieren. Jetzt nur noch durch ein Sieb gießen, um die groben Ingwer- und Zitronengrasfasern herauszufiltern, und mit Salz und Pfeffer abschmecken.

KATIS TIPP: »Meine absolute Empfehlung wenn man mal vor hat, seinen Besuch zu überraschen oder einfach mal etwas Außergewöhnliches essen möchte. Wenn die Suppe allein nicht ausreicht, dann lässt sich diese ohne Probleme mit etwas gebratenem Huhn und Gemüse zu einem Eintopf verwandeln. Oder man kocht nur ein halbes Rezept und bindet es ein bisschen mit angerührter Stärke zu einer exotisch-würzigen Sauce ab, welche hervorragend zu Reis und Bulgur passt.«

»Feine Kokosnoten und Ingwer umspielen fruchtige Maracuja und Aprikose. Die süße Note der Möhre wird von Butter und Honig elegant betont.«

MÖHREN-MARACUJASUPPE

300 g	Zwiebeln
600 g	Möhren
125 g	Butter
200 g	Getrocknete Softaprikosen
50 g	Ingwer, geschält
3 EL	Honig
750 ml	Maracujasaft
1,5 L	Gemüsebrühe
1 L	Kokosmilch
+	Orangenpfeffer, Muskatnuss, Salz

Die geschälten Zwiebeln und Möhren in grobe Stücke schneiden und in der Butter langsam anschwitzen. Den Ingwer zusammen mit den getrockneten Aprikosen in feine Stücke schneiden und mit anschwitzen. Jetzt den Honig dazugeben und für weitere 5 Minuten dünsten. Mit dem Maracujasaft ablöschen und 5 Minuten köcheln lassen. Dann mit der Gemüsebrühe aufgießen und 15 Minuten kochen. Kokosmilch dazugeben und nochmals aufkochen. Nur noch alles fein pürieren, mit den Gewürzen fein abschmecken und durch ein Sieb gießen.

KATIS TIPP: »Wenn man statt der Butter Sonnenblumenöl, und statt dem Honig Agavendicksaft nimmt, wird jeder vegane Gast vor Freude in die Luft springen. Ich trinke zu dieser Suppe am liebsten Secco mit Mangomark, dass passt super zusammen und ist einfach mal was Anderes.«

»Unsere Version der Blumenkohlcremesuppe ist inspiriert von der kreolischen Küche und vereint erdig und süßlich heimischen Blumenkohl mit karibischen Nuancen.«

BLUMENKOHL-KOKOSSUPPE

100 ml	Sonnenblumenöl
450 g	Zwiebeln
1 kg	Blumenkohl
3 EL	Agavendicksaft
2 EL	Kreuzkümmel
1 EL	Knoblauchpaste
+	Salz, Pfeffer,
+	Muskatnuss, gerieben
500 ml	Weißwein
1,5 L	Gemüsebrühe
1 L	Kokosmilch

Bei Bedarf:

+	etwas Speisestärke
500 g	Blumenkohl als Einlage

Als erstes die Zwiebeln schälen und in feine Würfel schneiden. Diese in einem weiten Topf im Sonnenblumenöl langsam glasig anschwitzen. Nun den Blumenkohl putzen und fein schneiden. Dann zusammen mit den Gewürzen zu den Zwiebeln geben und langsam mitschwitzen, dabei immer rühren. Nach 5 Minuten den Agavendicksaft dazugeben, leicht aufwallen lassen und mit Weißwein ablöschen. Den Weißwein so lange köcheln lassen, bis der Alkoholgeruch verdampft ist, dann mit der Gemüsebrühe aufgießen und 10 Minuten köcheln lassen. Als letztes die Kokosmilch eingießen und weitere 10 Minuten köcheln lassen. Abschließend im Mixer fein pürieren und abschmecken. Eventuell mit etwas Stärke leicht binden.

Man kann noch einen Blumenkohlkopf in feine Stücke schneiden und diese in der Suppe weichkochen lassen, um einen leckeren Eintopf daraus zu machen.

KATIS TIPP: »Wenn es mal schnell gehen muss, ist diese Suppe unschlagbar und überzeugt durch preiswerte Zutaten und außergewöhnlichen Geschmack. Wenn man etwas weniger Gemüsebrühe verwendet, wird ein wunderbar cremiges Ragout daraus, welches zusammen mit ein paar Hackbällchen (Seite 110) und Kräuterkartoffeln ein schönes Abendessen für die ganze Familie ist.«

Brot und herzhaftes Gebäck

BROT UND HERZHAFTES GEBÄCK

Für die meisten Menschen in Deutschland ist ein Brötchen oder eine Scheibe Brot der wichtigste Bestandteil für ein leckeres Frühstück. Aber auch sonst wird rund um die Uhr Brot und Gebäck in allen Formen und Farben genossen.

Wer schon einmal selbst Brot gebacken hat, weiß um die Magie, den unbeschreiblichen Duft und die gesamte Sinneswahrnehmung dieses Prozesses. Duftende, knusprig warme Brotscheiben, auf denen etwas Butter schmilzt, sind so unglaublich einfach und dabei so perfekt und lecker.

Unsere Auswahl an Broten hat für jeden Gaumen etwas parat. Von luftig weich bis knusprig kernig, von einfach bis verspielt.

Ein Geheimtipp bei Gästen und Einheimischen gleichermaßen sind die selbstgemachten und frischgebackenen Holzofenbrote aus dem Heimatlon.

»Ein kerniges und würziges Kastenbrot – unkompliziert überzeugt es durch seine luftige Struktur und Vielseitigkeit.«

DINKELBROT MIT SONNENBLUMENKERNEN

1 kg	Dinkelmehl
250 g	Haferflocken
250 g	Sonnenblumen-kerne
50 g	Zucker
35 g	Salz
3	Pckg. Trockenhefe
150 ml	Sonnenblumenöl
250 ml	Kellerbier
350 ml	Wasser
100 ml	Balsamico-Essig
1 EL	Kreuzkümmel

Das Mehl mit den Haferflocken, Sonnenblumen-kerne, Zucker, Salz und Trockenhefe gründlich vermischen. Dann die restlichen Zutaten dazugeben und zu einem glatten Teig verkneten.

Dieser sollte circa 60 Minuten bei Raumtemperatur gehen. Dabei sollte sich das Volumen verdreifachen.

Jetzt auf 2 Kastenformen verteilen und nochmals 60 Minuten gehen lassen.

Bei 175 °C (mit einem Schälchen Wasser im Ofen) für ca. 55 Minuten backen.

KATIS TIPP: »In dicke Scheiben geschnitten und in Olivenöl geröstet ist dieses Brot eine super leckere Beilage zu Suppen, Salat oder Gegrilltem, z. B. Grillrippchen (Seite 116). Es lohnt sich auf jeden Fall gleich das doppelte Rezept zu machen, dann spart man Energiekosten und kann seinen Liebsten eine riesen Freude mit einem selbstgebackenen Brot machen. Ich schneide das ausgekühlte Brot auch gern in Scheiben und friere diese ein, so kann ich mir einfach eine warme Scheibe Brot bei Verlangen im Toaster zubereiten.«

»Knackige Kruste, kräftige Walnussaromen und luftig-lockere Struktur. Der Kartoffelteig bleibt außerdem länger saftig als normale Weißbrote.«

KARTOFFEL-WALNUSSBROT

500 g	Kartoffeln, gekocht und passiert
750 g	Weizenmehl (etwas mehr zum nachbessern)
2	Pckg. Trockenhefe
50 g	Zucker
30 g	Salz
150 ml	Milch
50 ml	Sonnenblumenöl
150 g	Walnusskerne

Das Mehl mit der Trockenhefe vermischen. Zucker, Salz und Walnusskerne dazugeben und verrühren. Nun die restlichen Zutaten hinzugeben und zu einem glatten Teig kneten. Den Teig eine Stunde bei ca. 26 °C ruhen lassen. Dann zwei große Brotlaibe formen und eine weitere Stunde gehen lassen. Bei 175 °C für etwa 45 Minuten backen.

KATIS TIPP: »Statt Walnüssen und Milch einfach mal Kokosflocken und Kokosmilch nehmen und man erhält ein exotisches Kokosbrot. Zum Walnussbrot serviere ich gern Blauschimmelcreme oder Tomaten-Feigenaufstrich (Seite 74).«

»Glutenfrei und voller Körner mit wichtigen Proteinen. Das Schwarzkümmelöl bringt außerdem eine fein-herbe orientalische Note mit sich.«

BUCHWEIZEN-POWERBROT

500 g	Buchweizen-Vollkornmehl
50 g	Sesam, ungeschält
50 g	Leinsamen, geschrotet
50 g	Chiasamen
150 g	Sonnenblumenkerne
2	Pckg. Trockenhefe
200 g	Maisstärke
2 EL	Ursalz
150 ml	Sonnenblumenöl
1 EL	Kreuzkümmel
3 EL	Schwarzkümmelöl
3 EL	Agavendicksaft
650 ml	Wasser

Das Mehl mit den Samen und Kernen vermischen. Die Trockenhefe dazugeben und verrühren. Nun die restlichen Zutaten beifügen und zu einem glatten Teig verarbeiten. Für eine Stunde abgedeckt bei Zimmertemperatur gehen lassen und dann auf zwei Kastenformen verteilen. Eine weitere Stunde gehen lassen und dann bei 170 °C für 50 Minuten backen.

KATIS TIPP: »In meinem Freundeskreis gibt es einige, die glutenintolerant sind und deshalb oft nicht in den Genuss von leckeren Broten kommen können. Aber mit diesem Brot kann ich sie richtig verwöhnen. Am liebsten schneide ich das ausgekühlte Brot in Scheiben, röste es in Olivenöl an und gebe z. B. Tomatenkonfitüre (Seite 80) und Röstgemüse darauf oder Avocadocreme (Seite 78) und Rucola.«

»Super luftig und weich. Der Joghurt verleiht dem
Teig eine angenehme leichte Säure.«

JOGHURT-TOASTBROT

1 kg	Weizenmehl
3	Pckg. Trockenhefe
250 g	Naturjoghurt
400 ml	Wasser
100 ml	Olivenöl
3 EL	Zucker
2 EL	Salz

Als erstes das Mehl mit der Trockenhefe vermischen und den Zucker sowie das Salz hinzugeben. Jetzt den Joghurt mit dem Wasser und dem Olivenöl vermischen und zum Mehlmix gießen. Den Teig nun seidig glatt kneten. Nun muss der Teig an einem warmen (26 °C) Ort für eine Stunde gehen. Danach auf zwei Kastenformen verteilen und nochmals eine Stunde gehen lassen. Das Brot kann nun bei 170 °C für 45 Minuten gebacken werden.

KATIS TIPP: »Klapptoaster rausholen, zwei Scheiben abschneiden, mit Schinken, Bauernkäse und Zwiebelcreme (Seite 74) füllen und herrlich warme Toastecken mit etwas Ketchup (Seite 82) genießen. Aber auch klassische Sandwiches mit gebratenem Huhn, Spargelcreme (Seite 80) und Salat lassen sich damit zubereiten. Natürlich schmeckt es auch einfach nur als getoastete Brotscheibe oder French Toast.«

Brot und herzhaftes Gebäck

> »Schöne kräftige Farbe und ein mildes Lavendelaroma unter einer knusprigen Kruste. Der Möhrensaft und der Honig machen das Brot angenehm süßlich.«

MÖHREN-LAVENDELBROT

50 g	Ingwer
2 EL	feine Lavendelblüten
400 ml	Möhrensaft
200 ml	Met (Honigwein)
75 g	Waldhonig
1 kg	Mehl
3	Pckg. Trockenhefe
30 g	Salz
20 g	Zucker
100 g	Butter

Das Mehl mit der Trockenhefe vermischen, dann Salz und Zucker dazurühren. Den Ingwer fein reiben und zusammen mit der zerlassenen Butter zum Teig geben. Met, Honig und Möhrensaft auf 40 °C erwärmen und die fein gehackten Lavendelblüten darin 10 Minuten ziehen lassen. Nun alles zusammenführen und zu einem glatten Teig kneten.

Für eine Stunde bei 26 °C gehen lassen. Jetzt drei große Laibe formen und nochmals 90 Minuten bei Raumtemperatur gehen lassen. Dann bei 170 °C für 50 Minuten backen.

KATIS TIPP: »Dieses Brot ist warm und frisch natürlich der Hammer, aber leider bleibt das ja nicht ewig so. Aber auch aus dem altbackenen Brot lässt sich etwas Tolles zaubern. Einfach ganz dünne Scheiben abschneiden, in etwas Olivenöl anrösten, mit etwas Vanillesalz (Seite 28) würzen und dann noch mal kurz trocknen lassen. Viel besser als Nachos und Chips aus der Tüte als kleiner Snack beim Fernsehen oder im gemütlichen Freundeskreis. Avocadocreme (Seite 78) oder Paprikamarmelade (Seite 72) sind hervorragende Dips dazu.«

»Leckere Butternote und weicher Teig machen diese Brötchen zum perfekten Frühstücksbrötchen.«

ROSINENBRÖTCHEN

1 kg	Weizenmehl
2	Pckg. Trockenhefe
60 g	Zucker
200 g	Butter
200 g	Rosinen
350 ml	Milch
160 g	Eigelb (von etwa 8 Eiern)
4 cl	Stroh 80 Rum
35 g	Salz

Das Weizenmehl mit der Trockenhefe und dem Zucker vermischen. Nun die Butter schmelzen und zusammen mit der Milch und dem Eigelb zur Mehlmischung geben. Die Rosinen mit dem Rum und dem Salz anrühren und ebenfalls dazugeben. Den Teig gründlich durchkneten bis er seidenglatt ist. Für eine Stunde bei 26 °C gehen lassen.

Jetzt können 80 g schwere Brötchen geformt werden. Diese nochmals für 45 Minuten gehen lassen. Dann bei 175 °C für 25 Minuten backen.

KATIS TIPP: *»Nicht von den Rosinen abschrecken lassen. Die Brötchen gelingen auch ohne Rosinen, dann sind es eben Milchbrötchen. Sie schmecken mit Marmelade (Seite 86), aber auch überbacken mit Käse. Bei mir liegen immer ein paar im Tiefkühlfach, falls ich samstags mal nicht zum Einkaufen komme, kann ich so am Sonntagmorgen einfach diese Brötchen im Ofen frisch aufbacken.«*

»Deftig und aromatisch. Speck und Honig verleihen
dem Zwiebelkuchen eine rauchig-süße Note.«

ZWIEBELKUCHENTEIG

400 g	Weizenmehl	
1	Pckg. Trockenhefe	
20 g	Zucker	
15 g	Kräutersalz	
150 ml	Wasser	
75 ml	Olivenöl	

Das Mehl mit der Trockenhefe vermischen. Dann Zucker und
Kräutersalz dazugeben und nochmals vermischen. Jetzt mit
Wasser und Öl zu einem glatten Teig verarbeiten. Den Teig
abgedeckt eine Stunde bei Zimmertemperatur gehen lassen.
Dann den Teig rund ausrollen und in ein 32 cm Pizzablech legen.

ZWIEBELKUCHENBELAG

500 g	Zwiebeln geschält
200 g	Speck
50 g	Butter
40 g	Waldhonig
1/2 TL	Schwarzer Pfeffer
1/2 TL	Kümmel, gemahlen
1 EL	Majoran, getrocknet
200 g	Schmand 24 %
100 g	Gouda, gerieben
2	Eier (Gr. L)
2 EL	gehackte Kräuter (Petersilie, Liebstöckel, Schnittlauch)
+	Salz und Muskatnuss

Den Speck ohne Öl in einer Pfanne knusprig anrösten. Derweil
die Zwiebeln in Streifen schneiden und zusammen mit der Butter zum Speck geben und goldbraun anrösten. Nun den Honig
und die Gewürze dazugeben und alles langsam für 5 Minuten
anschwitzen. Den Zwiebel-Speck-Mix nun in eine Schüssel
geben und leicht abkühlen lassen. Jetzt die restlichen Zutaten
hinzugeben, gut vermischen und abschmecken. Diese Masse
jetzt auf den Teig geben und eine Stunde gehen lassen. Den
Zwiebelkuchen nun bei 175 °C für 35 Minuten backen.

KATIS TIPP: »Warmer Zwiebelkuchen riecht nicht nur im ganzen
Haus, sondern holt auch die ganze Familie an den Tisch. Schnell
sammeln sich alle in der Küche, um gemeinsam das ganze Blech
zu verputzen. Ich mach gern noch eine Schüssel bunten Salat mit
süßem Senfdressing (Seite 92) dazu – und das Abendessen ist fertig.«

Brot und herzhaftes Gebäck

»Unsere Steinbacher Spezialität – luftig herber Teig mit angenehm säuerlicher Note durch Roggenmehl und Balsamico-Essig.«

URFLADENTEIG

200 g	Weizenmehl
100 g	Roggenmehl
100 ml	Wasser
100 ml	Milch
1	Pckg. Trockenhefe
20 g	Zucker
15 g	Salz
25 ml	Balsamico-Essig
50 ml	Sonnenblumenöl

Beide Mehlsorten mit der Trockenhefe, Salz und Zucker gründlich vermischen. Dann Milch, Wasser, Sonnenblumenöl und Balsamico dazugeben und zu einem glatten, seidig-weichen Teig verkneten. Den Teig nun für 90 Minuten bei 26 °C gehen lassen. Jetzt kann er portioniert, ausgerollt und beliebig belegt werden.

Bei 210 °C für 12 bis 15 Minuten backen.

KATIS TIPP: »Unsere Steinbacher Antwort auf Pizza und Flammkuchen. Rustikal aber gesund ist der Urfladen meine Allzweckwaffe. Ich kann gar nicht sagen, was mein Lieblingsbelag ist, aber mit Schmand bestrichen, geriebener Gouda darüber gestreut und dann z. B. mit gebratenem Grünen Spargel, Rinderschinken und roten Zwiebeln oder mit geschnippeltem Gemüse, karamellisierten Sonnenblumenkernen (Seite 96) und Grüner Würze (Seite 98) beträufelt, gehören zu meinen absoluten Favoriten.«

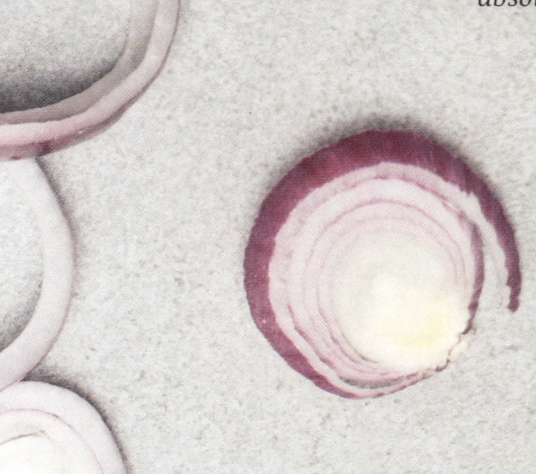

Aufstriche, Dips, Konfitüren

AUFSTRICHE, DIPS UND KONFITÜREN

Sie sind meist nur die Begleiterscheinungen, die Hintergrundfiguren eines jeden Gerichts, doch wenn man genau hinsieht, sind sie die wahren Hauptdarsteller. Egal ob sie als Beigabe zu einem Stück Fleisch oder Brot gereicht werden, sie sind vollkommen in der Lage, ein gutes Produkt in ein außergewöhnliches zu verwandeln – Aufstriche, Dips und Konfitüren veredeln unser Essen zu jeder Jahreszeit und zu jedem Anlass.

Zudem sind diese Dips vielseitig einsetzbar. Nicht nur, dass sie gut mit fertigen Produkten harmonieren, nein, sie sind auch imstande, durch Hinzufügen während der Zubereitung des Produkts ein völlig neues Geschmackserlebnis zu erzeugen.

Unsere Lieblinge in diesem Kapitel sind sowohl einfach und vielseitig, als auch komplex und überraschend.

Frische Kräuter gibt's fast zu jeder Jahreszeit in Omas Kräutergarten.

»Fruchtig-herzhaft passt diese etwas andere Marmelade fabelhaft zu Fleisch, Käse oder einfach nur auf frisch gebackenes Brot.«

PAPRIKAMARMELADE

300 g	Rote Spitzpaprika, gewürfelt
150 g	Zwiebel, gewürfelt
75 g	Zucker
75 g	Gelierzucker 3:1
50 g	Weißer Balsamico-Essig
1 EL	Paprikapulver, edelsüß
+	Salz und Pfeffer

Alle Zutaten in einen Topf geben und langsam zum Kochen bringen. Dann einen Deckel auf den Topf geben und alles für 20 Minuten vor sich hin köcheln lassen. Nur noch im Mixer fein pürieren und mit Salz und Pfeffer abschmecken. Abkühlen lassen und fertig. Die Paprikamarmelade lässt sich wie normale Marmelade auch hervorragend auf Vorrat einkochen und somit mehrere Monate haltbar machen.

KATIS TIPP: *»Etwas Ziegenweichkäse auf eine Scheibe selbstgemachtes Dinkelbrot (Seite 52) und im Ofen überbacken. Dann mit etwas Paprikamarmelade bestreichen und mit einem kleinen gemischten Salat mit Quittendressing (Seite 92) genießen.«*

Aufstriche, Dips, Konfitüren

»Französisch angehaucht und doch geradlinig.«

BLAUSCHIMMEL-SONNEN-BLUMENKERN-CREME

300 g	Blauschimmelkäse (Bergader)
350 g	Schmand
50 g	karamellisierte Sonnenblumen-kerne
+	Salz, Pfeffer

Blauschimmelkäse (zimmerwarm) mit den Kernen und dem Schmand fein pürieren. Mit Salz und Pfeffer abschmecken.

KATIS TIPP: »Dünn auf warmes Walnussbrot (Seite 54) gestrichen und mit etwas Passionsfruchtglace (Seite 98) beträufelt. Einfach nur genial.«

»Fruchtig, kernig, vollmundig.«

TOMATEN-FEIGENAUFSTRICH

150 g	getrocknete Softfeigen
200 g	Tomatenmark
100 g	Waldhonig
20 g	Thymian frisch
100 ml	Wasser
2 EL	Walnussöl
+	Salz, Pfeffer

Alle Zutaten in den Mixer und fein pürieren.

KATIS TIPP: »Mag ich am liebsten als Basis für meine Pasta mit Walnuss und Tomate. Dazu einfach 100 ml Gemüsebrühe mit 100 g halbierten Cherrytomaten sowie zwei Esslöffeln Aufstrich aufkochen und eine Handvoll geröstete Walnusskerne hacken und dazugeben. Ein paar gekochte Penne darin geschwenkt und Parmesan darüber reiben.«

»Cremige Aromabombe mit Potenzial.«

ZWIEBELDIP

750 g	Zwiebeln (4 große)
100 g	Waldhonig
250 g	Butter
5	Thymianzweige
+	Salz, Pfeffer

Die Zwiebeln schälen und in feine Streifen schneiden. Dann zusammen mit dem Honig und der Butter in einem Topf bei mittlerer Hitze langsam und unter mehrmaligem Umrühren goldgelb bis goldbraun rösten. Nun den Thymian fein hacken und hinzugeben, den Topf von der Kochstelle nehmen und mit einem Deckel abgedeckt 15 Minuten ziehen lassen. Jetzt mit dem Mixer fein pürieren. Nur noch mit Salz und Pfeffer abschmecken und gut durchkühlen lassen.

KATIS TIPP: »Meine Sandwichcreme No. 1! Passt einfach unter alles, egal ob Hähnchenbrust, Rinderfilet oder Schweinebratenscheibe. Aber auch einfach nur als Aufstrich richtig lecker.«

»Cremiges Ei trifft auf kräftige Trüffelnote.«

GETRÜFFELTE BIO-EIER

6	Eier
1 TL	Trüffelöl
1 EL	Olivenöl, nativ
+	Salz und Pfeffer

Die Eier drei Minuten kochen, so dass das Eigelb noch flüssig – aber das Eiweiß gegart ist. Die Eier abschrecken und schälen. Dann fein hacken, mit den restlichen Zutaten vermischen und gut abschmecken.

KATIS TIPP: »Ich gebe gern noch einen Esslöffel scharfen Senf (Seite 82) und gehackten Estragon dazu. Oder für die Kinder ohne Trüffelöl dafür 3 EL Schmand.«

»Fein-erdiges Aroma, abgerundet von Dill und Knoblauch.«

ROTE BETE-ZAZIKI

250 g	Rote Bete, gekocht
250 g	Griechischer Sahnejoghurt (10 % Fett)
2 TL	Knoblauchpaste
1 EL	Frischer Dill, fein gehackt
+	Salz und Pfeffer

Die Rote Bete über die grobe Raspel der Vierkantreibe reiben und mit den anderen Zutaten vermischen. Mit Salz und Pfeffer abschmecken und fertig.

KATIS TIPP: »Hier backe ich gern zwei große Fladenbrote aus Urfladenteig (Seite 66), halbiere diese wie einen Döner und fülle ihn mit etwas Salat, Zaziki und gebratenem Hühnerfleisch. Schmeckt aber auch ideal zu Ofenkartoffeln oder gekochtem Gemüse.«

»Angenehm scharf und erdig.«

RADIESCHENPESTO

200 g	Radieschengrün
25 g	Knoblauchpaste
75 g	Sonnenblumenkerne, geröstet
200 ml	Olivenöl
+	Salz und Pfeffer

Alle Zutaten in einem Mixer fein pürieren und noch mit etwas Salz und Pfeffer abschmecken.

KATIS TIPP: »Radieschenblätter sind total unterschätzt und wandern daher oft zu Unrecht in den Müll. Das Pesto kann man nicht nur aufs Frischkäsebrot schmieren, sondern auch leckere Nudel- oder Gemüsepfannen damit verfeinern.«

»Fleischaufstrich mal anders – unkompliziert verwandelt man Fleisch in einen leckeren Brotaufstrich mit feiner Zwiebel- und Kräuternote.«

GEFLÜGELAUFSTRICH

500 g	Hühnerfleisch, gekocht
400 g	Hühnerbrühe
1 EL	Knoblauchpaste
1 EL	gehackte Kräuter (Rosmarin, Thymian, Liebstöckel)
2 EL	Röstzwiebeln
150 ml	Gänseschmalz
+	Salz, Pfeffer

Das Hühnerfleisch in kleine Würfel schneiden und mit den restlichen Zutaten in einem Topf langsam für eine halbe Stunde köcheln. Jetzt diese Masse fein pürieren oder durch die feine Scheibe des Fleischwolfes drehen. Mit Salz und Pfeffer abschmecken und kaltstellen oder einkochen.

KATIS TIPP: »Für mein Lieblings-Partyhäppchen ein Muss! Einfach auf etwas geröstetes Dinkelbrot (Seite 52) streichen und ein paar eingelegte Gurkenscheiben (Seite 100) darauf legen.«

»Als Basis für jeden Burger, Sandwiches, zum Dippen von Gemüsesticks oder Chips, eine gesunde Alternative zu Käsecreme und Billig-Salsa.«

AVOCADOCREME

200 g	Avocadofleisch
200 g	Ziegenfrischkäse (Altenburger Ziegenrahm)
2 EL	Zitronensaft
2 EL	Olivenöl
1/2 TL	Kreuzkümmel, gemahlen
1 TL	Knoblauchpaste
1 EL	Agavendicksaft
+	Salz und Pfeffer

Die Avocado halbieren und den Kern entfernen. Nun das Fruchtfleisch mit einem Löffel aus der Schale nehmen und mit den restlichen Zutaten in eine Schüssel geben. Alles zusammen mit einem Pürierstab zu einer feinen Creme mixen. Mit Salz und Pfeffer abschmecken und kaltstellen.

KATIS TIPP: »Mit ein paar gehackten Peperonis, Paprika, Zwiebeln und Koriandergrün lässt sich mit wenigen Handgriffen eine leckere Guacamole zubereiten. Oder mit ein paar gekochten Eiern und Schnittlauch serviere ich gern mal den Eiersalat der anderen Art.«

Aufstriche, Dips, Konfitüren

»Sommerlich und fruchtig
harmonieren hier Spargel und Orange im Einklang.«

WEIßE SPARGELCREME

500 g	Weißer Spargel
150 g	Gelierzucker 3:1
100 ml	Orangensaft
125 g	Butter
+	Salz, Orangenpfeffer, Muskatnuss

Den Spargel schälen und in feine Stücke schneiden. Diese nun zusammen mit den restlichen Zutaten aufkochen und 15 Minuten langsam köcheln lassen. In einem Mixer fein pürieren und mit Salz, Pfeffer und Muskatnuss abschmecken. Fertig.

KATIS TIPP: *»Die Creme ist optimal zum Bestreichen von Sandwiches oder gefüllten Dinkeleierkuchen (Seite 134). Man muss dazu nicht mal den ganzen Spargel nehmen. Hier reicht oftmals das letzte Drittel. So kann ich mir die Spitzen kochen und im Salat oder mit etwas Radieschenpesto (Seite 76) geschwenkt genießen.«*

»Mediterranes Confit mit süß-saurer Note und feinem Kräuteraroma.«

TOMATENCONFIT

150 g	Zwiebeln
100 ml	Olivenöl
30 g	Knoblauchzehen
100 g	getrocknete Tomaten (in Öl, abgetropft)
75 g	Honig
500 g	Cherrytomaten
1	Rosmarinzweig
2	Thymianzweige
+	Salz, Pfeffer

Die Zwiebeln und den Knoblauch schälen und in kleine Würfel schneiden. Diese im Olivenöl goldbraun rösten. Jetzt den Honig und die gehackten Kräuter dazugeben und langsam karamellisieren. Nun die fein gehackten, getrockneten Tomaten und die geviertelten Cherrytomaten dazugeben und langsam einkochen. Die Confit mit Salz und Pfeffer abschmecken.

KATIS TIPP: *»Ideale Basis für eine knackige Letschopfanne oder Geschnetzeltes. Einfach 200 g Hühnchen in Streifen schneiden und mit Fleischgewürz (Seite 28) würzen, anbraten, aus der Pfanne nehmen und in dieser Pfanne 100 g Champignonscheiben, 50 g Rote Zwiebeln und 100 g rote Paprika anbraten. Dann mit 200 ml Hühnerbrühe (Seite 38) ablöschen und 4 gehäufte Esslöffel von dieser Confit dazugeben. Das Fleisch zurück in die Sauce und etwa 5 Minuten köcheln lassen. Mit Reis oder Nudeln servieren.«*

»Erfrischend einfach und aromatisch. Gewürze und Honig
harmonieren mit der Süße der Tomate und der Säure des Essig.«

SELBSTGEMACHTER KETCHUP

Aufstriche, Dips, Konfitüren

400 g	Tomatenmark	1	Msp. Nelken, gemahlen	1 TL	Zimt, gemahlen
250 ml	Apfelsaft			1/2 TL	Pfeffer schwarz, gemahlen
150 g	Honig	2	Msp. Koriander, gemahlen		
150 ml	Branntweinessig			15 g	Ingwerpaste
2	Msp. Kardamom, gemahlen	1	Msp. Muskatnuss, gemahlen	2 EL	Ursalz

Den Apfelsaft mit Honig und
Gewürzen aufkochen. Den
Essig und das Tomatenmark
dazugeben und zwei Minuten
köcheln lassen. Jetzt den Ketchup kaltstellen oder einkochen.

KATIS TIPP: *»Dieser Ketchup muss einfach immer im Kühlschrank
stehen und hält dort auch gut drei Monate. Meine Kinder essen
beim Grillen gern Ketchup zu Steaks und Bratwurst und unser
selbstgemachter Ketchup ist nicht mit Zucker überladen, daher
auch nicht ungesund. Ich esse ihn am liebsten zu Süßkartoffel-
pommes oder als Burgersauce.«*

»Feine Senfschärfe und die Aromen von
geröstetem Senf leicht fruchtig-süß abgerundet.«

SCHARFER SENF

50 g Senfsaat in der Pfanne rösten. Dann zusammen mit den restlichen 50 g Senfsaat in einem
Mörser oder einer Küchenmaschine zerstoßen.
Jetzt mit den restlichen Zutaten vermengen und
mindestens 4 Stunden quellen lassen.

100 g	gelbes Senfmehl
100 g	Senfsaat
300 ml	Apfelsaft, naturtrüb
150 ml	Branntweinessig 5 % Säure
150 g	Waldhonig
+	Salz

KATIS TIPP: *»Der perfekte Bratwurstsenf. Durch die gerösteten Senfkörner entsteht schon eine leichte Grillnote. Gern verfeinere ich ihn
mit Estragon oder Basilikum, denn dann wird er mediterraner.
Wenn ich Rostbrätel selber mariniere, nehme ich für 5 Schweinenackensteaks etwa 3 EL von dem Senf, 150 ml Schwarzbier, eine
große Zwiebel in Streifen, 1 TL Fleischgewürz (Seite 28) und 1 TL Knoblauchpaste (Seite 26), lege das Fleisch etwa eine Stunde vorm Grillen
damit ein und genieße dann mein leckeres Thüringer Rostbrätel.«*

»Fleisch einlegen, nachwürzen oder darin schmoren –
diese BBQ-Sauce darf auf keiner Grillparty fehlen. Die leichte
Zimtnote passt perfekt zu Holzkohle und offenem Feuer.«

BBQ-SAUCE

Den Zucker karamellisieren und auf niedriger Flamme den
Waldhonig dazugeben. Jetzt mit Weinbrand nach und nach ablöschen. Die restliche Zutaten zufügen und alles für 10 Minuten
köcheln lassen. Mit Salz und Pfeffer abschmecken. Abkühlen
lassen oder einkochen.

100 g	Rohrohrzucker
100 g	Waldhonig
100 ml	Weinbrand
500 g	Ketchup (optimal mit Rezept von S. 82)
100 ml	Sesamöl
1 EL	Zimt, gemahlen
75 ml	Sojasauce
1 EL	Knoblauchpaste
+	Salz, Pfeffer

*KATIS TIPP: »Ich mag diese Sauce besonders, wenn sie noch etwas
schärfer ist. Also gebe ich immer noch einen Esslöffel Peperonipaste
(Seite 26) dazu. Am liebsten mache ich für meine Freunde daraus
›BBQ-Drumsticks‹: Einfach ein paar Hähnchenunterkeulen in
die Sauce tunken, auf ein Backblech legen und bei 200 Grad für 15
Minuten backen. Dazu eine Sour Cream aus Grüner Würze (Seite
98). Diese Sauce hält übrigens etwa zwei Monate im Kühlschrank.«*

»Frische mediterrane Gewürze machen diese ursprünglich
kanarische Sauce zu einer Marinade der besonderen Art.«

MOJO

Die Paprikaschoten waschen und entkernen. Dann zusammen
mit den Peperoni und dem Knoblauch grob zusammenhacken.
Mit den restlichen Zutaten in einen Mixer/Smoothiemaker
geben und fein pürieren. Dann mit Salz und Pfeffer (eventuell
etwas Zitronensaft) abschmecken.

250 g	Rote Spitz-paprikaschoten
60 g	Rote Peperoni
30 g	Knoblauchzehen
1 EL	gehackte Petersilie
1 EL	Paprikapulver, edelsüß
1 TL	Paprikapulver, scharf

1 TL	Kreuzkümmel, gemahlen
1 EL	Oregano, gehackt
1 EL	Thymian, gehackt
150 ml	Olivenöl, nativ
100 ml	Balsamico di Modena
+	Salz, Pfeffer

*KATIS TIPP: »Ein paar Sardinen
vom Grill, Ofenkartoffeln und
diese Sauce. Absolut mediterranes Feeling. Aber auch kleine
Schweinenackensteaks werden
damit zum ›Rostbrätel‹ der
etwas anderen Art.«*

»Konfitüren: Fruchtig und nicht so süß– dafür voller Aroma.«

HIMBEER-MARACUJA

750 g	Himbeeren
200 ml	Maracujasaft
300 g	Gelierzucker 3:1

Die Zutaten des jeweiligen Rezeptes für 5 Minuten kurz verkochen, pürieren, durch ein Sieb streichen und kaltstellen oder einkochen.

MANGO-KOKOS

500 g	Mangofleisch
250 ml	Kokosmilch
250 g	Gelierzucker 3:1
50 ml	Limettensaft

KATIS TIPP: »Ich liebe Butterhörnchen und Marmelade zum Frühstück und deshalb dürfen meine drei Lieblingsmarmeladen nicht fehlen. Eingekocht in kleinen Weckgläsern würden sie im Kühlschrank locker ein Jahr halten, aber so lang steht kein volles Glas bei mir. Mit der Himbeer-Maracuja Konfitüre glasiere ich auch gern Tortenböden oder Plätzchen.«

ERDBEER-LIMETTE-INGWER

750 g	Erdbeeren
150 ml	Limettensaft
50 g	Ingwer, geschält
250 g	Gelierzucker 3:1

Aufstriche, Dips, Konfitüren

SALATE UND DRESSINGS

Gesund, leicht, erfrischend, vielseitig, geschmacksintensiv und einfach nicht wegzudenken aus dem Alltag. Trotz dieser positiven Eigenschaften kommt Salat in den deutschen Küchen meistens zu kurz. Dabei sollten diese knackigen Zusammenstellungen eigentlich einmal täglich auf dem Plan stehen. Frisches Gemüse und wilde Kräuter sind das A und O einer gesunden Ernährung und schmecken dabei auch super lecker.

Mit der Auswahl unserer Rezepte und Tipps lässt sich der Kühlschrank intelligent mit Dressings aufstocken, was dann hoffentlich dazu führt, dass öfters mal ein Salat auf dem Tisch oder im Lunchpaket landet.

Unsere Dressings halten im Kühlschrank locker vier Wochen und sind in kleinen Schnappverschlussflaschen auch ein schönes und total individuelles Geschenk oder Mitbringsel für jede Grillparty oder Familienfeier.

DAS KLEINE EINMALEINS VON GUTEN SALATEN

Grundregel #1

Vielfalt ist alles!
Je mehr Salat- und Gemüsesorten in der Salatschüssel sind, umso interessanter und schmackhafter wird der Salat.

Grundregel #2

Frische ist alles!
Frisch, knackig und voller Leben muss ein Salat sein. Also lieber bis zum Schluss warten und am besten nur portionsweise marinieren.

Grundregel #3

Abwechslung ist alles!
Keine Salatschüssel sollte so aussehen wie ihre Vorgängerin. Ausprobieren und kreativ kombinieren macht sehr viel Spaß und hält die Zunge fit.

Lieblings-Blattsalate

- Feldsalat
- Rucola
- Frisée
- Lollo Rosso und Bionda
- Eisberg
- Radicchio
- Chinakohl
- Kopfsalat
- Babyspinat
- Chicorée
- Romanaherzen

Lieblings-Salatgemüse

- geraspelte Möhren
- gekochte Maiskörner
- Radieschenscheiben
- Stangenselleriewürfel
- Datteltomaten
- Spitzkohl
- Gurkenscheiben
- Violetta-Spargel
- marinierte Pfifferlinge
- gekochte Rote Bete
- rote Zwiebelringe

Lieblings-Toppings

- Radieschensprossen
- Rettichsprossen
- Alfalfasprossen
- Rote Bete-Sprossen
- Gartenkresse
- Brunnenkresse
- Kapuzinerkresse
- Borretsch
- Kornblumen
- Ringelblumen
- Erbsenspargel

KATIS TIPP: *»Bunt gemischt und ein paar leckere, frisch gehackte Kräuter, etwas Obst, Käse, Fleisch oder vielleicht geräucherter Fisch – abgerundet mit einem Dressing und einer Würzsauce – machen jeden Salat zu etwas Besonderem.«*

Salate und Dressings

»Perfektes Dressing für herzhafte Salate durch
ein ausgewogen süß-scharfes Aroma.«

SÜßES SENFDRESSING

300 g	süßer Senf (z. B. Händlmaiers Hausmachersenf)	300 ml +	Sonnenblumenöl Salz, Pfeffer	Alle Zutaten in den Mixer geben und mit Salz und Pfeffer abschmecken.
200 g	scharfer Senf (Seite 82 oder Born Senf)			
250 g	Waldhonig			
300 ml	Wasser			
100 ml	Balsamico-Essig			
250 ml	Branntweinessig			

KATIS TIPP: »Mit Orangenpfeffer wird dieses Dressing etwas fruchtiger und passt hervorragend zu geräucherter Lachsforelle (Seite 118). Mit etwas gehackter Petersilie, Gewürzgurken, Roten Zwiebeln und Schinkenstreifen kann man damit aber auch einen kräftigen Wurstsalat machen.«

»Fruchtig-süße Quittennote abgerundet mit
feinen Kräutern und gutem Olivenöl.«

QUITTENDRESSING

450 g	Quittengelee (selbstgemacht, alternativ von Schwartau o. Ä.)	+	Salz, Pfeffer und Kräuter nach Belieben	Alle Zutaten in den Mixer geben und mit Salz, Pfeffer und Kräutern abschmecken.
200 ml	Branntweinessig			
100 ml	Balsamico-Essig			
100 ml	Olivenöl, nativ			
200 ml	Sonnenblumenöl			
2 EL	Waldhonig			
150 ml	Wasser			

KATIS TIPP: »Mit gehacktem Rosmarin und Thymian verfeinert ist dieses Dressing eine Super-Marinade für Grillgemüse. Im Sommer gebe ich gern noch Minze, Melisse oder Zitronenkraut mit hinein – das macht den Salat noch erfrischender.«

»Leicht pikant durch Ingwer und Orangenpfeffer,
doch dabei fruchtig und angenehm süß.«

ORANGEN-INGWERDRESSING

40 g	Ingwer, geschält
1	Orange
500 ml	Orangensaft
100 g	Zucker
2 EL	Waldhonig
150 ml	Branntweinessig
150 ml	Sonnenblumenöl
50 ml	Zitronensaft
+	Salz, Orangenpfeffer

Die Orange dünn abschälen. Die Schalen und den Orangen- und Zitronensaft zusammen mit dem Ingwer, Zucker und Honig für 10 Minuten köcheln. Jetzt den Essig und Öl hineingeben und gut mixen. Mit Salz und Orangenpfeffer abschmecken.

KATIS TIPP: »Mein Lieblingsdressing für Rotkohl-Sesam-Salat. Einfach nur ein paar Sesamkörner rösten, einen halben Rotkohlkopf in feine Streifen schneiden, mit dem Dressing marinieren und kräftig durchkneten. Diesen kann man auch mit etwas geräucherter Entenbrust super als Füllung für Dinkeleierkuchen (Seite 134) nehmen.«

»Angenehm sahnig und erfrischend mild.«

SCHNITTLAUCH-SAHNEDRESSING

100 g	Schnittlauch
100 ml	Wasser
500 ml	Saure Sahne
60 g	Senf, mittelscharf
50 ml	Olivenöl, nativ
2 EL	Waldhonig
+	Saft von 2 Zitronen
40 ml	Branntweinessig
1 TL	Knoblauchpaste
+	Kräutersalz, Pfeffer

Alle Zutaten in den Mixer geben und fein-cremig pürieren. Nur noch abschmecken und kaltstellen.

KATIS TIPP: »Einfach mal Schnittlauch gegen Dill oder einen Esslöffel Meerrettichpaste (Seite 26) eintauschen. So mache ich mir immer feine Salate mit Fisch oder gekochtem Fleisch an.«

»Egal ob als Topping für Salat, Urfladen oder einfach als Couch Snack, diese salzig-süßen Kerne schmecken einfach zu allem.«

SALATKROKANT

400 g	Sonnenblumen-, Kürbis-, oder Cashewkerne
100 g	Zucker
2 EL	Sonnenblumen-, Kürbiskern- oder Walnussöl
+	Salz

Die Kerne in einer Pfanne ohne das Öl bei mittlerer Hitze langsam goldgelb rösten. Dann nach und nach den Zucker in die heiße Pfanne geben. (Immer nur so viel Zucker, dass er Stück für Stück karamellisieren kann!) Wenn alles gleichmäßig goldbraun karamellisiert ist, das Öl unter ständigem Rühren hinzugeben. Dadurch trennen sich die klebrigen Karamell-Kerne voneinander. Auf ein Blech mit Backpapier geben und abkühlen lassen. Wenn die Kerne kalt sind, nach Belieben Salzen und eventuell nochmals zwischen den Händen zerbröseln.

KATIS TIPP: »Die süß-salzigen Sonnenblumenkerne sollten auf keinem Sommersalat fehlen, und auch auf einem Steinbacher Urfladen (Seite 66) mit Gemüse oder Spargel sind sie nicht wegzudenken. Man sollte auf jeden Fall genügend davon machen, denn die gerösteten Kürbis- und Cashewkerne haben ein riesiges Suchtpotenzial und schmecken bei einem schönen Familienfernsehabend einfach viel zu lecker.«

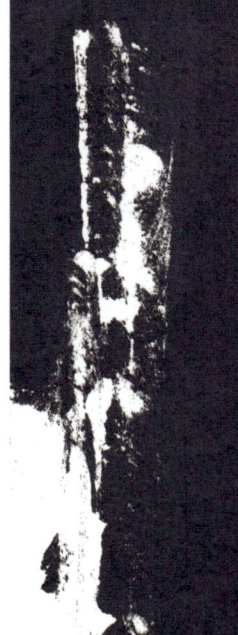

»Die Kräuterwürzsauce für jede Situation. Egal ob zum Würzen von Suppen, Salaten oder Urfladen.«

GRÜNE WÜRZE

500 ml Olivenöl
60 g Liebstöckel
50 g Petersilie
60 g Rucola
1 EL Knoblauchpaste
+ Salz und Pfeffer

Alles in den Mixer geben und fein pürieren. Kräftig mit Salz und Pfeffer abschmecken.

KATIS TIPP: *»Einen ganzen Becher Schmand mit 3 EL grüner Würze anrühren und fertig ist der Sour Cream Dip zu den Grillrippchen (Seite 116).«*

»Fruchtig erfrischend und angenehm mild.«

PASSIONSFRUCHTGLACE

300 ml Maracujasaft
4 Passionsfrüchte
200 ml Weißer Balsamico-Essig
200 g Gelierzucker 3:1
1/2 TL Kurkuma, gemahlen
+ Salz, Orangenpfeffer

Das Fleisch der Passionsfrüchte mit den restlichen Zutaten für 10 Minuten verköcheln und mit Salz und Orangenpfeffer abschmecken.

»Feines Beerenaroma zum Verfeinern von deftigen Gerichten oder Salaten.«

HIMBEERGLACE

300 g Himbeeren
150 g Zucker
100 ml Weißer Balsamico-Essig
1 TL Orangenpfeffer
20 ml Zitronensaft
+ Salz, Vanille, gemahlen

Die Himbeeren mit dem Zucker und dem Balsamico im Topf langsam aufkochen und für 10 Minuten köcheln lassen. Jetzt die Masse pürieren und durch ein feines Sieb streichen. Nur die Glace mit Orangenpfeffer und Zitronensaft würzen und nochmals aufkochen. Nur noch mit Salz und Vanille abschmecken und kaltstellen.

KATIS TIPP: *»Schmeckt mit am besten zu Gans, Ente und Wild. Einfach ein Löffelchen von der Glace über das gegarte Fleisch geben und schon ist es fruchtig-würzig.«*

KATIS TIPP: *»Als Topping auf Salat mit Ziegenkäse einfach unschlagbar. Aber auch zum Verfeinern vom Lammragout (Seite 112) oder Linseneintopf (Seite 34) ein wahrer Genuss.«*

»Nicht zu süß, nicht zu sauer, dafür mit viel
Kräuteraroma. Universelle Marinade für jedes Gemüse.«

EINLEGEMARINADE

100 g	Zucker
200 ml	Wasser
200 ml	Essig
2	Lorbeerblätter
5	Wacholderbeeren
20 g	Rosmarin
20 g	Thymian
10 g	Dill
10 g	Liebstöckel
1 EL	Knoblauchpaste
1/2 TL	Piment, gemahlen
1 kg	Pfifferlinge (oder Gurke, Zucchini, Kürbis, Paprika)

Alle Zutaten, außer die Pfifferlinge (oder anderes Gemüse), in einen Topf geben und langsam zum Kochen bringen. Die Marinade für 15 Minuten köcheln lassen. Derweil die Pfifferlinge (oder das jeweilige Gemüse) waschen und auf eine Größe bringen. Dann die Pilze (bzw. Gemüse) in die Marinade geben und einmal aufkochen. Nur noch kaltziehen lassen und kaltstellen.

Je länger die Zutaten in der Marinade bleiben, um so intensiver ist das Aroma.

KATIS TIPP: »Am liebsten lege ich gebratene Spitzpaprika und Auberginen mit dieser Marinade ein. Wenn man statt Piment, Liebstöckel und Petersilie einen Esslöffel Senfkörner in die Marinade gibt, kann man auch leckere Senfgurken zubereiten. Oder man gibt das Gemüse mit der Marinade in ein Einweckglas und kocht alles ein.«

Salate und Dressings

Fleisch und Fisch

FLEISCH UND FISCH

Die Herzstücke jeder Hauptspeise sind Fleisch oder Fisch. Deshalb sollten diese auch mit einer besonderen Note oder einem außergewöhnlichen Aroma im kulinarischen Vordergrund stehen. Wichtig ist hier das bewusste Genießen. Man sollte mit offenen Augen einkaufen und sich darüber informieren, woher Fleisch oder Fisch kommen. Hier gilt unser Credo: lieber weniger Fleisch – dafür Gutes. Genauso verhält es sich auch mit dem Fisch. Am besten, man sucht einen heimischen Bauern, Metzger oder Fischzüchter und baut ein vertrauensvolles Verhältnis auf.

Die Auswahl unserer Gerichte beschränkt sich auf unsere Spezialitäten. Wir erklären nicht, wie man ein Steak brät. Dafür beschreiben wir, wie man ein butterzartes Ragout dünstet oder klassisch einen Fisch räuchert.

Die Rezepte sind absichtlich mengenmäßig hoch gehalten, da für Ragouts beziehungsweise Gedünstetes häufig ein recht hoher Energieaufwand betrieben werden muss.

Die Mäbendorfer Jäger vom Auberg: Mario und Simone bringen
Thüringer Wild auf die Heimatlon-Speisekarte.

»Kräftiges, dunkles Ragout mit feinen
Wacholder- und Preiselbeeraromen.«

WILDRAGOUT

2 kg	Hirschkeule ohne Knochen (alternativ Reh oder Wildschwein)
250 g	Zwiebeln
250 g	Möhren
250 g	Stangensellerie
150 g	Lauch
2 EL	Tomatenmark
3 EL	Waldhonig
500 ml	Rotwein
150 g	Preiselbeer- konfitüre
2 EL	Knoblauchpaste
2 EL	Ingwerpaste
10 g	Rosmarin
10 g	Thymian
2 L	Fleischbrühe
10	Wacholderbeeren zerquetscht
4	Lorbeerblätter
+	Salz, Pfeffer

Das Fleisch von Sehnen befreien und in 3 cm große Würfel schneiden. In einem weiten Topf etwas Sonnenblumenöl erhitzen und die Würfel von allen Seiten gut anrösten. Das Gemüse putzen, schälen und in grobe Würfel schneiden. Wenn das Fleisch schön angebraten ist, gibt man es zum Abkühlen in eine Schüssel und brät die Sehnen und Abschnitte scharf im Topf an. Diese dürfen ruhig kräftig dunkelbraun werden. Als nächstes die Gemüsewürfel dazugeben und kräftig weiter rösten. Dabei des Öfteren umrühren. Wenn alles nach etwa 15 Minuten eine goldbraune Farbe hat, gibt man das Tomatenmark dazu und röstet dieses bis es eine leicht bräunliche Farbe hat.

Nun alle Zutaten – außer Preiselbeerkonfitüre, Fleisch und Fleischbrühe – dazugeben und etwa 10 Minuten köcheln lassen. Dann mit der Fleischbrühe aufgießen und alles für 30 Minuten kochen. Jetzt die Sauce durch ein Sieb gießen. Das angebratene Fleisch und die Preiselbeerkonfitüre nur noch in die Sauce geben und so lange köcheln, bis das Fleisch weich ist. Mit Hirschkeule etwa 90 Minuten – abhängig von Fleisch und Qualität. Wer die Sauce noch dicker möchte, kann sie mit etwas in Rotwein angerührter Stärke binden.

KATIS TIPP: *»Mit Hefeklößen (Seite 132) und Himbeer-Schoko-Rotkohl (Seite 126) serviert, ist dieses Gericht mein absoluter Wild-Liebling. Aber auch als Belag für unsere Urfladen (Seite 66) oder einfach mal klassisch zum Thüringer Kloß schmeckt es einfach herrlich.«*

»Feinstes heimisches Wildfleisch
mit erdigen Gemüsesorten und arabischen
Gewürzen verfeinert.«

WILDSTEW

2 kg	Wildfleisch (optimal ist Rehkeule ohne Knochen)		1 EL	Pfeffer schwarz, gemahlen
200 g	Knollensellerie		2 EL	Baharat (Arabische Gewürzmischung)
200 g	Steckrübe		2 EL	Sumach (Rinde des Essigbaumes. Gibt es in gut sortierten Märkten, im Reformhaus oder online.)
200 g	Möhre			
200 g	Spitzkohl			
200 g	Zwiebeln			
40 g	Knoblauchpaste			
10 g	Majoran, frisch		2 L	Wasser
1 EL	Kümmel, gemahlen		+	Salz

Das Gemüse putzen, schälen und in 1 cm dicke Scheiben schneiden. Nun das zugeputzte Fleisch mit den Gewürzen und Salz einreiben, in einem Bräter auf das geschnittene Gemüse setzen und mit dem restlichen Gemüse und den gehackten Kräutern bedecken. Nun mit Wasser aufgießen und den Bräter mit Deckel bei 160 °C für ungefähr 150 Minuten schmoren (abhängig von Fleischteil und Tier). Sollte das Fleisch noch nicht zart genug sein, einfach den Deckel wieder drauf und so lang weiterschmoren bis es butterzart ist.

KATIS TIPP: »Lass den Ofen für dich arbeiten! Kein langes Anbraten und dabei Stehenbleiben. Schnibbeln, würzen, dünsten – in etwa 20 Minuten ist man fertig mit Schneiden und dann kann man sich anderen Dingen widmen. Wenn man noch ein paar kleine Pellkartoffeln mit in den Bräter gibt, ist der ›Sonntagsbraten‹ auch schon fertig. Schmeckt auch gut, wenn man statt Wildfleisch einfach Rinderbrust oder Schweineschulter nimmt.«

»Fleischig und würzig. Lockere Fleischklößchen mit angenehmer Knoblauch-Kräuternote.«

GEHACKTESKLÖPSCHEN

Fleisch und Fisch

500 g	Hackfleisch (halb/halb)
100 g	Schmand
50 g	Tomatenmark
2	Eier
100 g	Semmelbrösel
1 TL	Peperonipaste
1 TL	Knoblauchpaste
1 EL	gehackte Petersilie
+	Salz, Pfeffer

Alle Zutaten gründlich miteinander verkneten und mit Salz und Pfeffer abschmecken. Aus dieser Masse nun 5 cm große Kugeln formen und diese im Backrohr bei 200 °C für 15 Minuten knusprig backen.

KATIS TIPP: »Für meine Kinder mache ich das Rezept lieber ohne Peperonipaste. Dafür gebe ich aber immer noch 3 EL geriebenen Käse mit in die Masse, dann werden die Klöpse noch saftiger und ziehen leckere Käsefäden beim abbeißen. Wenn wir eine Grillparty geben, mache ich aus diesem Rezept auch gern meine Burger Pattys, backe diese vor und erwärme sie nur noch mal auf dem Grill. Dann mit etwas Zwiebelcreme (Seite 74) und Ketchup (Seite 82) ins Burgerbrötchen, Salat und eingelegte Gurken (Seite 100) dazu und fertig ist ein leckerer Burger.«

»Zart-aromatisches Lammfleisch in einer kreolisch angehauchten Zitronen-Knoblauchsauce. Maracujasaft und Zitrusfrüchte machen das Ragout angenehm frisch.«

ZARTES LAMMRAGOUT

Fleisch und Fisch

1,5 kg	Lammkeule, ohne Knochen
400 g	Zwiebeln, geschält
2	Zitronen
1	Orangen
2	Lorbeerblätter
3	Rosmarinzweige
5	Thymianzweige
150 g	Knoblauch, geschält
1 EL	Kreuzkümmel
1 EL	Orangenpfeffer
100 g	Waldhonig
5	Wacholderbeeren
500 ml	Maracujasaft
2 L	Fleischbrühe
100 ml	Sojasauce
+	Salz

Die Lammkeule in 3 cm große Würfel schneiden, in einem Topf mit etwas Sonnenblumenöl leicht anrösten und in eine Schüssel geben. Die geschälten Zwiebeln und den Knoblauch in grobe Würfel schneiden. Zitronen und Orangen vierteln und in dünne Scheiben schneiden.

Nun die Zwiebeln, Knoblauchzehen und Zitrusfrüchte in demselben Topf für gut 5 Minuten anrösten, dann die Gewürze, Kräuter und den Honig dazugeben. Alles für weitere 5 Minuten anrösten. Wenn alles goldgelb angelaufen ist und aromatisch duftet, den Maracujasaft dazu gießen und nochmals 5 Minuten kochen. Als nächstes die Fleischbrühe und Sojasauce hineingeben und 30 Minuten köcheln. Diese Sauce jetzt so fein wie möglich pürieren und durch ein Sieb gießen. Nur noch die angebratenen Fleischwürfel in die fertige Sauce geben und etwa 90 Minuten weich dünsten. Mit Salz, Orangenpfeffer und bei Bedarf etwas frischer Orangenschale abschmecken.

KATIS TIPP: »Ich koche gern noch ein paar geröstete Cashewkerne mit in dem Ragout. Dann serviere ich es einfach mit gekochtem Basmatireis und einer Sauce aus 200 g Griechischem Joghurt mit 2 EL frisch gehackter Minze, Salz und Pfeffer. Falls mal etwas übrig bleiben sollte, ist es auch als Belag für die Urfladen (Seite 66) super geeignet und wird jeden Gast überraschen.«

»Butterzartes Rindfleisch mit fruchtig saurer Note.«

SAUERBRATEN

2 kg	Semerrolle (Schwanzstück vom Rind)
300 g	Sellerie
250 g	Möhren
300 g	Zwiebeln
150 g	Lauch
250 ml	Weißer Balsamico-Essig
300 ml	Branntweinessig
150 g	Zucker
50 g	Salz
10 g	Thymian
10 g	Rosmarin
150 g	Honig
750 ml	Weißwein
5	Lorbeerblätter
10	Wacholderbeeren
2 L	Fleischbrühe
2 EL	Stärke
150 g	getrocknete Cranberrys
+	Ursalz, Orangenpfeffer

Zu Beginn das Gemüse putzen, schälen und in circa 3 cm große Würfel schneiden. Nun das Fleisch in einen großen Bräter geben und mit den Kräutern und Gewürzen bedecken. Dann die Gemüsewürfel, Essig, Honig und Weißwein darüber geben. Den Bräter mit einem Deckel oder einer Alufolie verschließen und bei 160 °C im Backofen für ungefähr 150 Minuten dünsten. Wenn das Fleisch nach dieser Zeit noch nicht weich sein sollte, belässt man es so lange im Ofen, bis es zart genug ist.

Jetzt das Fleisch aus dem Bräter nehmen und den darin enthaltenen Sud in einen Topf gießen. Die Fleischbrühe und die Cranberrys mit zum Sud geben und für etwa 20 Minuten köcheln. Dann mit der in Essig angerührten Stärke binden und mit Salz und Orangenpfeffer abschmecken. Das Fleisch in dünne Scheiben schneiden und diese in der Sauce nochmals erwärmen.

KATIS TIPP: *»Sauerbraten muss fruchtig-frisch schmecken. Deshalb mag ich diese dicke, dunkle Sauce dazu nicht. Wir kaufen auch keinen fertig eingelegten Braten, sondern verzichten auf das klassische Einlegen und dünsten das Fleisch in der sauren Marinade. Dadurch bleibt der Geschmack des Fleisches besser erhalten und die fruchtige Sauce bringt genug Säure und Aromen mit sich. Am liebsten esse ich unseren Sauerbraten mit Pellkartoffeln und Apfel-Sauerkraut (Seite 128).«*

»Das Fleisch muss vom Knochen fallen, wenn man es
nur ansieht. Der Zimt und Kreuzkümmel sorgen für eine
außergewöhnlich interessante Geschmacksnote.«

GRILLRIPPCHEN

Für 3 kg Schälrippchen:
- 500 g Zwiebeln
- 100 g Ingwer
- 100 ml Sonnenblumenöl
- 75 g Knoblauchpaste
- 75 ml Sojasauce
- 150 g Honig
- 100 ml Weißer Balsamico-Essig
- 1 EL Kreuzkümmel
- 1 EL Schwarzer Pfeffer, gemahlen
- 1 EL Zimt, gemahlen
- 150 ml Weinbrand
- 1 L Fleischbrühe
- 400 g Tomatenmark
- + Salz

Zwiebeln und Ingwer schälen und in feine Würfel schneiden. Diese im Sonnenblumenöl anrösten bis sie goldgelb sind. Dann die Knoblauchpaste, Kreuzkümmel und Pfeffer dazugeben und kurz mitrösten. Jetzt den Honig und Balsamico-Essig dazugeben und 5 Minuten köcheln lassen. Im Anschluss den Weinbrand aufgießen und kurz aufkochen. Nun die Fleischbrühe und das Tomatenmark einrühren und alles 20 Minuten köcheln lassen, dabei immer wieder umrühren. Die Sauce in einem Mixer fein pürieren und in einen Bräter über die portionierten Rippchen gießen. Abgedeckt bei 160 °C für 2 Stunden schmoren. Anschließend auf 150 °C reduzieren und eine weitere Stunde in der Sauce weichdünsten.

KATIS TIPP: »Für einen Barbecue-Abend mit Freunden bereite ich die Rippchen schon am Vortag zu und lasse sie ohne Sauce auskühlen. Wenn dann gegrillt wird, lege ich die Rippchen auf den Rost und bepinsele sie dick mit der Sauce. Der Duft der dabei verströmt, wird jedem Gast das Wasser im Mund zusammenlaufen lassen.«

»Rauchig, saftig, zart und so vielseitig.
Am besten schmeckt es noch warm aus dem Rauch.«

GERÄUCHERTE LACHSFORELLE

Fleisch und Fisch

2 kg Lachs-
forellenfilet
(etwa 2 bis 3
Filets)
2 EL Ursalz
200 g Buchenholzspäne

Die Fischfilets von Gräten und überschüssigem Fett befreien und ganz kurz mit kaltem Wasser abspülen. Jetzt mit Küchenrolle abtrocknen und die Fleischseite mit dem Salz würzen und gleichmäßig einreiben. Nun auf ein Blech geben und eine Stunde kaltstellen. Derweil den Tischräucherofen mit Alufolie auskleiden, um das spätere Saubermachen zu erleichtern, und die Holzspäne in der »Räuchervertiefung« verteilen. Die Fischfilets nun noch mal trocken tupfen und auf die Räuchergitter legen. Den Räucherofen schließen und die Brennpaste darunter anzünden. Die kleine Öffnung im Deckel sollte jetzt für 15 Minuten offen sein, danach noch mal 10 Minuten geschlossen. Wer seinen Fisch stark rauchig möchte, macht das Zugloch einfach eher zu, aber Vorsicht, zu starker Rauch lässt den Fisch am Ende unangenehm bitter schmecken.

KATIS TIPP: »Einmal geräuchert, entfalten sich mit dem Filet so viele Möglichkeiten, z. B. als Belag für den Urfladen (Seite 66) mit Landrahm und Lauch, oder als Füllung für Dinkeleierkuchen (Seite 134) mit Rote Bete Zaziki (Seite 76), oder man macht aus 300 g geräucherter Lachsforelle, 200 g Frischkäse, 2 EL Olivenöl, 1 EL gehacktem Dill, ein paar Spritzern Zitrone und etwas Fischgewürz eine leckere Lachsforellencreme als Dip. Der geräucherte Fisch hält im Kühlschrank etwa 3 bis 4 Tage, lässt sich aber auch problemlos einfrieren.«

»Cremig und würzig frisch
durch knackige Äpfel
und pikanten Meerrettich.«

MARINIERTER MATJES

500 g	Matjesfilets	20 g	frischer Dill
100 g	Saure Sahne	75 ml	Gewürzgurken-
100 g	Schmand		brühe
100 g	Apfel	2	Lorbeerblatt
100 g	Rote Zwiebeln	5	Wacholderbeeren
100 g	Gewürzgurken	+	Salz,
1 TL	Knoblauchpaste		Orangenpfeffer
1 TL	Meerrettichpaste		

Die Äpfel und Zwiebeln schälen und zusammen mit den Gewürzgurken in feine Würfel schneiden. Dann mit gehacktem Dill, Gurkenbrühe und Gewürzen den Schmand und die Saure Sahne verrühren. Alles gut vermischen, abschmecken und über die halbierten Heringsfilets geben.

KATIS TIPP: *»Mein klassisches Aschermittwoch-Gericht. Aber auch vor und nach der ›fünften Jahreszeit‹ schmecken die Matjes lecker. Am besten werden sie beim Camping an der Ostsee mit den frischen Ostseematjes.«*

»Süß-sauer und vollaromatisch mit
feinem Wacholder und frischem Dill«

BRATHERINGE

500 g	Heringsfilets, frisch
100 g	Maismehl
100 g	Zucker
250 ml	Weißer Balsamico-Essig
100 ml	Wasser
1 EL	Knoblauchpaste
1 EL	Orangenpfeffer
8	Wacholderbeeren
3	Lorbeerblätter
20 g	frischer Dill
+	Salz

Die Heringe nur auf der Hautseite in das Maismehl drücken und dann in einer Pfanne mit Sonnenblumenöl auf dieser Seite knusprig goldbraun braten. Die knusprigen Filets sollten auf der Fleischseite noch nicht durchgegart sein. Nun die Filets mit Haut nach oben in eine Auflaufform geben. Zucker, Essig, Wasser und Gewürzen in einem Topf zum Kochen bringen. Etwa 5 Minuten köcheln lassen, dann mit Salz abschmecken und durch ein Sieb über die gebratenen Heringe gießen. Den frischen Dill hacken und darüber streuen. Einen Deckel oder eine Folie über die Form geben, damit die Heringe in der heißen Marinade durchgaren. Lauwarm serviert schmecken sie am besten.

KATIS TIPP: *»Warmer Brathering, ein kleiner bunter Salat mit Quittendressing (Seite 92) und ein frisch gebackenes Toastbrot (Seite 58), was braucht man mehr? Schmeckt übrigens nicht nur mit Hering. Auch mit Lachsfilet oder Forelle ist das Rezept richtig schmackhaft.«*

BEILAGEN

»Beilagen« ist genaugenommen eigentlich die falsche Vokabel. Vervollständiger oder Komplettierer wären wohl die treffenderen Worte. Ohne seine bessere Hälfte ist ein Hauptgang nämlich nichts weiter als »Fleisch mit Soße«. Eine Beilage ist jedoch viel, viel mehr. Sie ist ein Kick, ein Side-Kick, welcher dazu beiträgt, das Hauptstück zu untermalen und zu verfeinern. Hier bietet sich auch besonders viel Spielraum für Aromen, Konsistenzen, Form und Farbe.

Unsere kleine Auswahl umfasst in erster Linie individuell interpretierte Klassiker, die das Altbewährte mit neuen Ideen verknüpfen. So kann jeder auch selbst mal daheim seine Lieblingsbeilage nehmen, in ihre Grundbestanteile zerlegen und mit ein paar frischen Zutaten zu etwas Neuem zusammensetzen.

Hier prüfen Kati, Felix und Daniela von Christians Erdbeer- und Geflügelhof in Eußenhausen die Reife und Qualität des Spargels. Neben dem Geflügel beliefern Christian und Daniela Hoch das Heimatlon auch mit Spargel, Erdbeeren und Knoblauch.

Beilagen

»Fruchtige Säure und vollmundige Schokoladennote umrahmen knackiges Kraut. Die rebellische Version des klassischen Rotkohls.«

HIMBEER-SCHOKOLADEN-ROTKOHL

Beilagen

2 kg	Rotkohl	
3 EL	Preiselbeer-konfitüre	
3 EL	Waldhonig	
2 EL	Zucker	
1 EL	Salz	
100 ml	Cranberrysaft	
100 ml	Johannisbeersaft	
100 ml	Kirschsaft	
100 ml	Orangensaft	
200 ml	Rotwein	
30 g	Ingwer	
5	Nelken	
2	Zimtstangen	
2	Äpfel	
+	Salz, Pfeffer	

Den Rotkohl in feine Streifen schneiden und mit dem Zucker gut durchkneten. Die Äpfel fein reiben und zusammen mit den Zutaten der oberen Liste zum Rotkohl geben. Nochmals kräftig kneten. Das marinierte Rotkraut jetzt über Nacht abgedeckt ziehen lassen.

Am zweiten Tag die Zwiebeln schälen und in feine Streifen schneiden. Diese jetzt in der Butter zusammen mit dem Honig hellbraun anschwitzen. Jetzt das marinierte Rotkraut dazugeben und bis zur gewünschten Konsistenz kochen. Zehn Minuten vor Kochzeitende die Himbeeren, Zitronenschale und die Bitterkuvertüre dazugeben. Nach Belieben nochmals mit Salz, Pfeffer und Zimt abschmecken. Je nach Geschmack mit Stärke binden.

500 g	Zwiebeln
100 g	Butter
2 EL	Honig
300 g	Himbeeren
75 g	Bitterkuvertüre
3 x	Zitronenabrieb

KATIS TIPP: »Dieses Rotkraut schmeckt nicht nur gut, sondern es tut auch gut. Durch seine Vielfalt an Gewürzen, Fruchtsäften und nicht zuletzt durch das Powergemüse Rotkohl selbst ist es eine wahre Energiebombe. Aus diesem Grund koche ich auch gern gleich etwas mehr und friere es portioniert ein. Am liebsten esse ich es klassisch zu einem schönen Wildragout (Seite 106) oder Gänsebraten.«

»Knackiges vergorenes Kraut mit
frischer Apfelnote und aromatischem Dill.«

APFEL-SAUERKRAUT

500 g	Zwiebeln
350 ml	Apfelsaft, naturtrüb
200 ml	Weißwein
10	Wacholderbeeren
4	Lorbeerblätter
50 g	Rohrzucker
1/2 TL	Muskatnuss, gerieben
1 TL	Kümmel, gemahlen
1 EL	Knoblauchpaste
200 ml	Gemüsebrühe
500 g	Äpfel (Jona Gold)
1 kg	Sauerkraut, frisch
30 g	Dill, frisch gehackt
+	Salz und Pfeffer

Die Zwiebeln schälen und in feine Streifen schneiden. Dann in etwas Sonnenblumenöl glasig dünsten. Nun die Gewürze dazugeben und etwa 5 Minuten weiter anschwitzen. Jetzt Apfelsaft und Weißwein hinzugeben und aufkochen. Die Äpfel über die grobe Raspel reiben und zusammen mit dem frischen Sauerkraut in den Weinsud geben und kurz köcheln lassen. Nur noch mit Dill, Salz und Pfeffer abschmecken.

KATIS TIPP: »Sauerkraut und Schweinebraten sind für mich wie Ski und Gewehr, dass gehört einfach zusammen. Aber weil der Schweinebraten allein schon so kräftig und fett ist, mag ich gern so ein fruchtig-frisches Kraut dazu. In Weckgläsern eingekocht hält es im Kühlschrank auch locker ein halbes Jahr. Lecker ist auch eine Handvoll frisch gerösteter Walnüsse im Kraut.«

»Volle asiatische Power mit feuriger Schärfe und prickelnder Säure – angenehm salzig vollendet.«

KIMCHI-SCHOCKEN

500 g	Artischocken-herzen, gekocht
40 g	Ingwer, geschält
30 g	Knoblauch, geschält
10 g	Kimchi-Flocken (Rote Chili-flocken oder Gochagaru)
50 ml	Sojasauce, indonesisch
50 ml	Weißer Balsamico-Essig
+	Ursalz, Pfeffer, geschrotet oder gemörsert

Alle Zutaten, außer den Artischocken, in einem Mixer pürieren und dann mit Salz und Pfeffer abschmecken.

Dann die Artischockenherzen vierteln und mit der Paste marinieren.

Kann man kalt oder warm genießen.

KATIS TIPP: »Seit den Weltmeisterschaften in Süd-korea vermisse ich hier in Thüringen ein leckeres Kimchi. Leider bin ich oft zu beschäftigt und zu ungeduldig um die 3 Wochen Fermentation ab-zuwarten. Aber mit diesem Rezept lassen sich 3 Wochen auf 20 Minuten abkürzen. Gern esse ich es einfach nur lauwarm zu Reis und Hühnchen oder als Belag von unseren Urfladen (Seite 66) mit etwas Ziegenkäse und Passionsfruchtglace (Seite 98). Aber es lassen sich auch Gemüse-pfannen oder die Zitronengrassuppe (Seite 42) herrlich koreanisch aufpeppen.«

»Luftig und weich, wenn sie ungebraten sind. Außen knusprig und in der Mitte zart, wenn sie aus der Pfanne kommen. Mit feiner Butternote.«

HEFEKLÖßE

200 g	Weizenmehl
200 g	Dinkelmehl
1	Pckg. Trockenhefe
30 g	Zucker
15 g	Salz
60 g	Butter
200 ml	Milch
+	Butter und Kräuter zum Braten

Dinkel- und Weizenmehl miteinander vermischen. Dann die Trockenhefe dazugeben und gründlich verrühren. Nun kommen Salz und Zucker dazu und werden ebenfalls gründlich verrührt. Jetzt die Milch leicht erwärmen, bis sich die Butter darin auflöst. Wenn die Milch-Buttermischung wärmer ist als 40 °C, noch kurz abkühlen lassen und dann zum Mehlmix geben. Der Teig sollte nun gründlich geknetet werden, bis er seidig glatt ist. Bei Zimmertemperatur muss der Teig jetzt für 60 Minuten mit einem Geschirrtuch abgedeckt gehen. Danach formt man zwei circa 20 cm lange Rollen und legt sie auf den Dampfgaraufsatz (egal ob vom Topf, Thermokocher oder Dampfgargerät) und lässt die Klöße weitere 60 Minuten gehen. Die Klöße sollten dann für etwa 25 bis 30 Minuten gedämpft werden. Anschließend kann man sie entweder so servieren oder in Scheiben schneiden und in Butter von beiden Seiten knusprig anbraten. Mit frisch gehackten Kräutern servieren.

KATIS TIPP: »Meine Kinder essen die Hefeklöße lieber ungebraten, dafür aber mit etwas Kirschkompott (Seite 158) und Vanillesauce (Seite 164). Ich koche auch gern gleich das doppelte Rezept, lasse einen der beiden Klöße auskühlen, schneide ihn in Scheiben und friere ihn ein. So habe ich immer eine leckere Beilage bereitstehen, wenn es mal ganz schnell gehen muss.«

»Hauchdünn und mild – die ideale Basis für würzige Wraps oder überbackene Dinkeltortillas.«

DINKELEIERKUCHEN

200 ml Milch
2 Eier
30 ml Sonnenblumenöl
180 g Dinkelmehl
+ Salz und Muskatnuss, gemahlen
+ Butter zum Braten

Alle Zutaten in einer Schüssel cremig miteinander verrühren. Nun mit Salz und Muskatnuss abschmecken. Dann in einer beschichteten Pfanne etwas Butter zerlassen und darin immer genau so viel Teig anbraten, dass die Pfanne hauchdünn bedeckt ist. Am besten die erste Seite schön goldbraun braten, umdrehen und dann nur noch ganz kurz anbraten lassen. So bleiben die Eierkuchen schön geschmeidig und lassen sich perfekt füllen.

Für die Füllung einfach etwas grünen Spargel in Olivenöl anbraten und mit Salz und Pfeffer würzen. Dann den Eierkuchen dünn mit weißer Spargelcreme (Seite 80) bestreichen und die Spargelstangen hineinlegen und einrollen. Einfach diagonal halbieren und servieren.

KATIS TIPP: »Eierkuchen geht einfach immer, egal ob herzhaft oder süß. Zum Frühstück lieber mit etwas Mango-Kokos Konfitüre (Seite 86), abends auch gern mal herzhaft gefüllt mit Babyspinat, geräucherter Lachsforelle (Seite 118) und Rote Bete-Zaziki (Seite 76). Übriggebliebene Eierkuchen schneide ich immer gleich in dünne Streifen und friere Sie ein. So kann ich eine Hühnerbrühe (Seite 38) im Handumdrehen in eine leckere ›Flädlesuppe‹ verwandeln, wie ich sie in Ruhpolding immer gern gegessen habe.«

KUCHEN UND SÜSSES

Was für Goethe der Wein, ist für den Genießer die Nachspeise – und deshalb ist das Leben zu kurz, um es mit schlechten Desserts zu verschwenden. Eine Süßspeise ist der Abschluss und Höhepunkt eines jeden Menüs. Nicht zuletzt deshalb muss der letzte Geschmack, den man mit hinaus in die Welt trägt, auch vollendet und besonders sein. Aber auch ein kleines Kuchenstück am Nachmittag, am besten mit Menschen die man mag, kann unerreicht und perfekt sein.

Die Auswahl unserer Favoriten ist recht bodenständig und einfach in der Zubereitung. Dabei bleibt in den Rezepten noch genug Raum, um kreativ zu werden und jeder Süßigkeit seinen eigenen Stempel aufzudrücken.

Kuchen und Süßes

Katis Cousin und Hausimker des Heimatlons, Steffen Ilgen aus Asbach, ist einer der wenigen Imker in Deutschland, der auch 100 % sortenreinen Honig herstellt.

»Das volle Schoko-Erlebnis.
Saftig und kräftig schokoladig.«

140

SCHOKOLADEN-KONFEKT-KUCHEN

Kuchen und Süßes

300 g	Bitterkuvertüre
125 g	Butter
4	Eier
90 g	Puderzucker
100 g	Mehl
1	Pckg. Backpulver
150 ml	Espresso
2 cl	Stroh 80 Rum
+	Salz, Vanille

Die Eier zusammen mit dem Puderzucker in der Küchenmaschine schaumig-steif schlagen. Derweil die Butter mit dem Espresso erhitzen und die Kuvertüre darin schmelzen. Das Mehl mit dem Backpulver vermischen. Jetzt abwechselnd Mehlmix und Schokomix unter die Eimasse heben. Alles mit einer Prise Salz, Rum und Vanille abschmecken und gründlich verrühren.

Die Masse nun in 12 gut gefettete Muffinformen verteilen und bei 170 °C für etwa 15 Minuten backen.

Die Muffins dürfen ruhig in der Mitte noch leicht nass sein. Dadurch bleiben sie länger saftig.

KATIS TIPP: *»Egal ob als Muffins oder in einer 24er Springform mit Schokoglasur (Seite 152) ist dieser Kuchenteig einfach zum Naschen gut. Man kann auch noch Schokodrops oder Chiliflocken hinzufügen, um ihn ein bisschen zu variieren. Schmeckt am besten mit selbstgemachtem Eierlikör (Seite 178) und Vanilleeis.«*

»Super saftig und vor allem einfach.
Ohne viel Schnickschnack.«

KÄSEKÜCHLEIN

100 g	Butterkekse
50 g	Butter
500 g	Quark
3	Eier
100 g	Puddingpulver
150 g	Puderzucker
4 cl	Stroh 80 Rum
4 cl	Zitronensaft
100 ml	Sahne
+	Salz
12	Muffinformen

Als erstes die Butterkekse fein mahlen, mit der zerlassenen Butter verkneten und in die 12 Muffinformen drücken. Nun die restlichen Zutaten, außer die Sahne, in einer Schüssel glatt verrühren und mit einer Prise Salz abschmecken. Dann die Sahne steif schlagen und unterheben und schließlich die Masse auf die Keksböden gießen.

Bei 170 °C für 25 Minuten backen.

KATIS TIPP: *»Ob mit oder ohne Rosinen, dieser warme Käsekuchen ist einfach genial. Dazu schmecken am besten ein paar Erdbeeren mit Fruchtsauce (Seite 164) mariniert und eine Kugel Vanilleeis.«*

»Kräftiges Weißweinaroma mit Apfel
und Zimt komplettiert.«

APFEL-WEIßWEINKUCHEN

Kuchen und Süßes

100 g	Butter (zimmerwarm und weich)
1	Ei
100 g	Zucker
200 g	Weizenmehl
+	Salz
600 g	Äpfel, gerieben
300 ml	Weißwein
120 g	Zucker
100 g	Mandelblätter
100 g	Vanille-puddingpulver
2 EL	Honig
200 ml	Sahne
75 g	Puderzucker
+	Zimt, gemahlen

Die Butter mit dem Ei, Zucker, Mehl und einer Prise Salz zu einem glatten Teig verkneten und kurz kaltstellen. Dann den Weißwein mit dem Zucker und den Mandelblättern zum Kochen bringen und mit dem, mit etwas Weißwein angerührtem Puddingpulver abbinden. Nun die Apfelraspeln dazugeben und mit dem Honig abschmecken. Eine 26 cm Springform dünn mit dem Mürbteig auskleiden und die Apfelmasse in der Springform gleichmäßig verteilen.

Bei 175 °C für 35 Minuten im vorgeheizten Ofen backen.

Den gebackenen Kuchen komplett auskühlen lassen. Währenddessen die Sahne mit dem Puderzucker steif schlagen und mit etwas Zimt abschmecken. Dann gleichmäßig auf dem Kuchen verteilen.

KATIS TIPP: »Der Kuchen lässt sich auch ohne Alkohol zubereiten: einfach den Weißwein gegen Apfelsaft austauschen und nur die halbe Menge Zucker verwenden. Wenn man möchte, lassen sich hier auch Cranberrys oder Rosinen hinzufügen. Wichtig ist hier die Apfelsorte. Sie entscheidet maßgeblich den Geschmack. Ich nehme am liebsten Jona Gold für einen lieblichen Kuchen oder Pink Lady, wenn ich Lust auf etwas mehr Frische und Säure habe.«

»Luftig-nussiger Boden mit cremigem Belag,
saftig-saurem Rhabarber und knusprigen Mandeln.«

RHABARBERKUCHEN

Für den Boden:

150 g	Butter
50 g	Zucker
3	Eier
50 g	Puderzucker
75 g	Mandeln, gerieben
100 g	Mehl
1	Pckg. Backpulver
+	Salz, Vanille, Rum

Für den Belag:

150 g	Mascarpone
75 g	Puderzucker
50 ml	Orangensaft
2	Eier
250 g	Rhabarber
50 g	Mandelblättchen

Die Butter mit dem Puderzucker schaumig rühren. Derweil die Eier sorgsam trennen. Nun nach und nach das Eigelb in die Buttermasse einarbeiten. Jetzt das Mehl mit den geriebenen Mandeln und dem Backpulver trocken verrühren. Das Eiweiß mit einer Prise Salz langsam zu steifem Schnee ausschlagen und dabei immer wieder den Zucker einrieseln lassen bis ein glänzender, cremig-fester Schnee entsteht. Dann abwechselnd Schnee und Mehlmix in die Buttermasse unterrühren und mit etwas Vanillemark und Rum verfeinern. Diese Masse jetzt in die Springform geben.

Nun alle Zutaten für den Belag verrühren und auf den Teig gießen. Dem Rhabarber die Fasern ziehen, in 2 cm große Stücke schneiden und auf dem Kuchen verteilen. Nur noch die Mandelblättchen darüber streuen und den Kuchen bei 175 °C etwa 35 Minuten backen.

KATIS TIPP: *»Nach dem Backen, wenn der Kuchen noch warm ist, mit Zimt-Zucker bestreuen und gleich genießen. Statt Mascarpone kann man auch Frischkäse oder Quark nehmen.«*

»Durch den Apfel ist der Kuchen fein
fruchtig und bleibt auch noch länger saftig.«

MOHNKUCHEN

Kuchen und Süßes

250 g	Butter
100 g	Puderzucker
6	Eier (Gr. L)
200 g	Zucker
120 g	Mandeln, gemahlen
250 g	Mohn, gemahlen
150 g	Apfel, geraspelt
30 g	Dinkelmehl
1	Pckg. Backpulver
+	Salz, Zimt

Die Eier sorgsam trennen. Das Eiweiß in einer Küchenmaschine mit dem Zucker steif schlagen. Derweil die Butter mit dem Puderzucker schaumig rühren und nach und nach das Eigelb einarbeiten. Jetzt Mandeln, Mohn, Mehl, Backpulver und den geraspelten Apfel miteinander vermischen und mit einer Prise Salz und dem Eischnee zur Buttermasse geben. Alles vorsichtig vermischen und mit etwas Zimt abschmecken. Den Teig in eine Springform geben und bei 170 °C für 45 Minuten backen.

KATIS TIPP: »Warmer Mohnkuchen mit Zimtsahne, der absolute Winterkuchen. Glauben Sie mir, es gibt kaum etwas Besseres. Dazu passt hervorragend ein Zwetschgenkompott (Seite 160) und Vanillesauce (Seite 164). Wer den Mohnkuchen nicht einfach so genießen möchte, kann ihn noch mit Schokoglasur (Seite 152) überziehen.«

»Saftig und angenehm süß,
mit leicht herber Note.«

KAROTTENKUCHEN

Kuchen und Süßes

250 g	Schmand
150 g	Rohrzucker
2	Eier
100 g	Mandeln, gemahlen
100 g	Dinkelmehl
60 g	Sonnenblumenöl
1/2 TL	Zimt, gemahlen
1	Pckg. Backpulver
200 g	Karotten, geschält
+	Vanille, Salz

Den Schmand mit dem Rohrzucker und den Eiern verrühren. Jetzt das Öl und die Gewürze unterrühren. Das Backpulver trocken mit Mehl und Mandeln verrühren. Jetzt beides miteinander vermischen und die geschälten und geraspelten Karotten unterheben.

Bei 175 °C für 30 bis 35 Minuten backen.

Bei Bedarf einen einfachen Zitronenguss aus 150 g Puderzucker und 3 EL Zitronensaft anrühren und auf dem lauwarmen Kuchen verstreichen.

KATIS TIPP: »Super schneller und einfacher Kuchen. Im Herbst kann man die Möhren auch gegen Kürbis oder Pastinaken austauschen. Lauwarm mit einer Kugel Eis genießen!«

»Glutenfreier, saftiger Kuchen
mit abgerundetem Mandel-Rum-Geschmack.«

BANANEN-MANDELKUCHEN

350 g	Bananen
150 ml	Sonnenblumenöl
3	Eier
120 g	Honig
1 EL	Rum
1	Pckg. Backpulver
350 g	Mandeln, gemahlen
30 g	Mandelblättchen
+	Salz
100 g	Aprikosen- marmelade

Die Bananen zusammen mit dem Öl, den Eiern, Rum und Honig in den Mixer geben und fein pürieren. Derweil die Mandeln mit dem Backpulver und einer Prise Salz vermischen. Jetzt beides miteinander verrühren und in eine Kastenformen mit Backpapier gießen. Bei 175 °C für 30 bis 35 Minuten backen.

Nach dem Backen direkt mit warmer Aprikosenmarmelade einstreichen und kalt werden lassen.

Glasur:

50 ml	Wasser
100 g	Zucker
50 ml	Sonnenblumenöl
150 g	Zartbitter- kuvertüre
1 EL	Honig

Das Wasser mit dem Zucker, Öl und Honig aufkochen und die Schokolade darin auflösen. Mit der noch lauwarmen Glasur den Kuchen übergießen und auskühlen lassen.

KATIS TIPP: *»Ohne Marmelade und Schokoglasur ist der Kuchen eine delikate Art Früchtebrot und schmeckt auch mit herzhaften Belägen wie Frischkäse oder Tomaten-Feigenaufstrich (Seite 74). Wer keine Mandeln verträgt, kann diese auch gegen Haselnüsse austauschen.«*

»Cremig, luftig und einfach schokoladig.
Der Rum vollendet das Mousse mit einem eleganten
Vanillearoma.«

SCHOKO-MOUSSE

Kuchen und Süßes

600 ml	Sahne
100 g	Vollmilch-kuvertüre
100 g	Zartbitter-kuvertüre
2	Eier (Gr. L)
125 g	Puderzucker
2	Blatt Gelatine
4 cl	Black Tears Rum oder Captain Morgan

Zuerst die Sahne steif schlagen und kaltstellen. Dann das Eiweiß vom Eigelb trennen. Etwas Wasser in einem kleinen Topf erhitzen und über Dampf in einer Schüssel die Kuvertüren gemeinsam schmelzen. Das Eigelb mit 25 g Puderzucker ebenfalls in einer Schüssel über dem Dampf schaumig schlagen. Aber Vorsicht! Immer wieder mal die Schüssel vom Dampf nehmen, sonst gibt es süßes Rührei. Derweil die Gelatineblätter in kaltem Wasser einweichen. Jetzt das Eiweiß mit den verbliebenen 100 g Puderzucker steif schlagen. Nun den Rum auf etwa 50 °C erwärmen und die eingeweichte und ausgedrückte Gelatine darin auflösen. Als nächstes die flüssige Kuvertüre und die aufgelöste Gelatine zum Eigelb geben und gut verrühren. Dann abwechselnd den Eischnee und die Schlagsahne unter die Schokomasse heben, bis ein cremig-nougatfarbenes Mousse entsteht. Nur noch für 3 Stunden kaltstellen.

KATIS TIPP: »Hier kann man auch wieder nach dem eigenen Geschmack verändern. So wird das Schokomousse herber, indem man die Vollmilchkuvertüre durch Zartbitter austauscht und ein Blatt Gelatine weglässt. Genauso gut kann man das Mousse lieblicher machen, wenn man die Zartbitterkuvertüre durch Vollmilch austauscht und ein Blatt Gelatine ergänzt. Ersetzt man den Rum durch Cointreau, wird das Mousse fruchtiger, mit Amaretto oder Frangelico wird es nussiger und tauscht man schließlich den Rum gegen Milch, freuen sich vor allem die Kinder.«

»Knusprig und in feinstem Zimt-Zucker gewälzt sind diese Krapfen pures Kindheitsglück und erfreuen immer wieder.«

QUARKKRAPFEN

Kuchen und Süßes

50 g	Butter
2	Eier (Größe M)
100 g	Puderzucker
2 EL	Rum
1 x	Zitronenabrieb
250 g	Speisequark (40 % Fett)
200 g	Weizenmehl
1/2	Pckg. Backpulver
+	Salz und Vanillemark
+	Sonnenblumenöl zum Ausbacken
+	etwas Zimt-Zucker zum Wälzen

Die weiche Butter mit dem Puderzucker schaumig rühren. Die Eier verquirlen und nach und nach zur Butter geben, dabei immer weiter schlagen, bis eine glatte Masse entsteht. Jetzt die Aromaten, also eine Prise Salz, die fein abgeriebene Zitrone, den Rum und die Messerspitze Vanillemark dazurühren. Nun das Mehl mit dem Backpulver verrühren und zusammen mit dem Quark zur Buttermasse quirlen.

Die cremig-glatte Masse für 20 Minuten kalt stellen. Derweil in einem schmalen hohen Topf so viel Sonnenblumenöl erhitzen, dass die Krapfen anschließend schwimmend ausgebacken werden können. In dem 145 °C heißem Fett die Krapfen gleichmäßig goldbraun backen, herausnehmen, gut auf Küchenrolle abtropfen (entfetten) und noch warm in Zimt-Zucker wälzen.

KATIS TIPP: *»Diese Krapfen sind zu jeder Jahres- und Tageszeit die richtige Wahl, was süßes Gebäck betrifft. Ich esse sie am liebsten mit warmer Vanillesauce (Seite 164) und Kirschkompott (Seite 158).«*

»Fein säuerlich und erdig. Am besten, wenn
der Rhabarber schön knackig bleibt.«

RHABARBERKOMPOTT

1 kg	Rhabarber
300 g	Gelierzucker 3:1
1	Vanilleschote
200 ml	Orangensaft
200 ml	Kirschsaft
1	Sternanis
2	Zimtstangen
200 ml	Weißwein
1 EL	Honig

Alle Zutaten außer dem Rhabarber langsam zum Kochen bringen. Derweil den Rhabarber schälen, Fasern abziehen und in 3 cm lange Stücke schneiden. Die Schalen vom Rhabarber mit in den Topf geben und 20 Minuten leicht köcheln lassen. Jetzt den Sud absieben und die Rhabarberstücke hineingeben. Nur noch einmal kurz aufkochen, dann kaltstellen.

KATIS TIPP: »Schmeckt mir am besten zu einer Bayrisch-Creme oder einem ganz simplen Vanillepudding. Aber auch ein paar Löffel Kompott in einem bunten Salat mit etwas gebratenem Hühnchen oder Bergkäse schmecken fabelhaft.«

»Fruchtig und herb mit Rum
und Zimt abgerundet.«

KIRSCHKOMPOTT

300 ml	Kirschsaft
150 g	Zucker
1	Msp. Vanillemark
2 EL	Rum
2 EL	Vanillepuddingpulver
50 ml	Orangensaft
500 g	Kirschen, entkernt
+	Zimt, gemahlen

Den Kirschsaft mit dem Zucker, Rum und Vanille aufkochen. Das Puddingpulver in dem Orangensaft auflösen und in den kochenden Saft rühren bis es bindet. Jetzt die Kirschen hineingeben und einmal kurz aufkochen. Nur noch mit etwas Zimt abschmecken.

KATIS TIPP: »Schmeckt nicht nur als Kompott, sondern auch als Belag von Kuchen oder Blätterteig-Gebäck. Dafür einfach eine Rolle Blätterteig in Quadrate schneiden, in die Mitte einen Esslöffel Quark und einen Esslöffel Kompott. Jetzt die Ecken von außen in die Mitte schlagen und alles bei 180 °C goldbraun backen.«

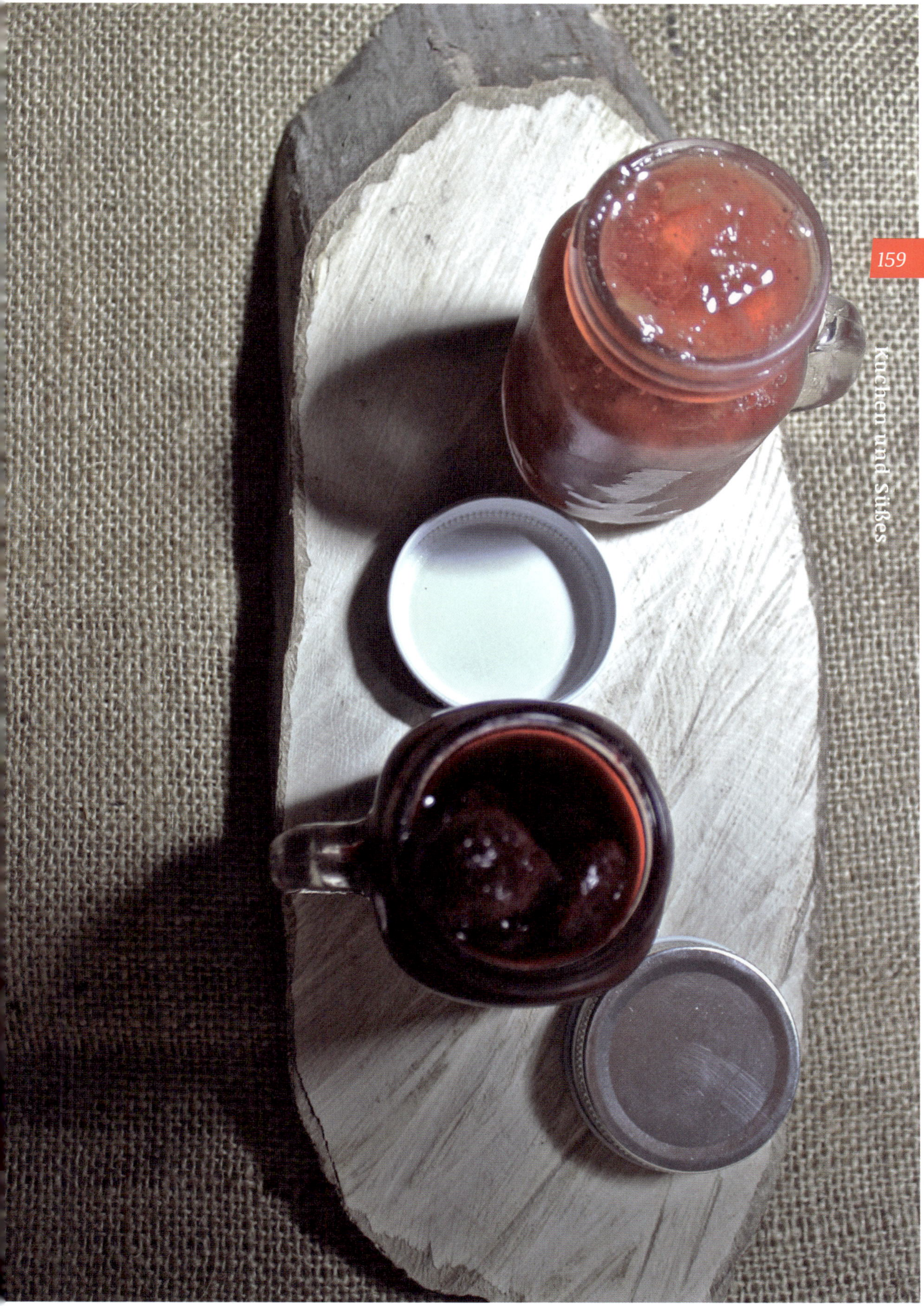

Kuchen und Süßes

»Der Apfel-Zimt-Klassiker.«

APFELKOMPOTT

500 g	Äpfel, geschält und entkernt
250 g	Gelierzucker 3:1
1 TL	Zimt, gemahlen
300 ml	Apfelsaft
+	Vanille und Salz

Die Äpfel in 2 cm große Würfel schneiden und mit allen Zutaten aufkochen und 3 Minuten köcheln lassen. Mit einer kleinen Prise Salz und gemahlener Vanille abschmecken und kalt stellen.

KATIS TIPP: *»Mit etwas Rum wird das Kompott etwas herber, mit etwas Zitronensaft fruchtiger. Super lecker zu Kartoffelpuffer oder Dinkeleierkuchen (Seite 134). Mein Lieblingsapfel für dieses Kompott ist Jona Gold, weil er einfach nicht so schnell verkocht und seine angenehme Säure beibehält.«*

»Herb und kräftig mit feiner Rotweinnuance.«

ZWETSCHGENKOMPOTT

100 g	Zucker
50 g	Honig
100 ml	Rotwein
150 ml	Johannisbeersaft
20 g	Vanillepuddingpulver
500 g	Zwetschgen
+	Zimt, gemahlen, Salz, Vanille gemahlen

Die Zwetschgen halbieren und entkernen. Jetzt den Zucker karamellisieren und mit dem Honig glattrühren. Nun nach und nach den Rotwein und Johannisbeersaft langsam in das Karamell laufen lassen, dabei ständig rühren bis eine glänzende Sauce entsteht. Die Gewürze dazugeben und langsam aufkochen. Das Puddingpulver mit etwas kaltem Wasser anrühren und die Sauce damit binden. Nur noch die Zwetschgen in die kochende Sauce geben und einmal aufkochen lassen.

KATIS TIPP: *»Der Klassiker zu Kaiserschmarrn. Aber auch mit Eis oder Quarkkrapfen (Seite 156) sehr zu empfehlen. Für die Kiddies tausche ich den Rotwein aber gegen die gleiche Menge Johannisbeersaft aus.«*

Kuchen und Süßes

»Süß, nussig, cremig, sahnig.«

KARAMELLSAUCE

500 g	Zucker
400 ml	Sahne
80 g	Honig
+	Ursalz

Den Zucker in einem Topf langsam goldbraun karamellisieren. Wenn sich der Zucker komplett aufgelöst hat, gibt man unter ständigem Rühren den Honig dazu, bis die schäumende Masse sich beruhigt. Jetzt wieder unter kräftigem Rühren nach und nach die Sahne einlaufen lassen. Das Ganze für einige Minute kochen lassen, bis sich das komplette Karamell aufgelöst hat. Nur noch leicht salzen und auskühlen lassen.

KATIS TIPP: »Karamell und Salz sind sehr gute Freunde, auch wenn es im ersten Moment komisch klingt, aber eine leicht salzige Karamellsauce zu einem Schokoküchlein (Seite 140) schmeckt einfach fantastisch. Aber auch zu Eisbechern mit etwas Nusskrokant und Sahne passt diese Sauce ausgezeichnet. Probieren Sie es einfach mal aus!«

»Vollmundig und schokoladig.«

SCHOKO-SAUCE

500 ml	Sahne
100 g	Honig
300 g	Zartbitter-kuvertüre
100 g	Vollmilch-kuvertüre
+	Salz

Die Sahne mit dem Honig aufkochen und vom Herd nehmen. Jetzt die Kuvertüre darin auflösen und mit einer Prise Salz abschmecken.

KATIS TIPP: »Die Sahne gegen Rotwein austauschen und diese Sauce zu einem Schokobrownie oder einem Muffin servieren. Wenn man die Sahne gegen laktosefreie Milch austauscht und die Vollmilch-kuvertüre durch Zartbitter ersetzt, können auch Freunde mit Laktoseintoleranz eine Schoko-Sauce auf ihrem Dessert genießen.«

»Einhundert Prozent purer Fruchtgeschmack.«

FRUCHTSAUCE

500 g	Himbeeren, frisch oder tiefgekühlt
200 g	Zucker
+	Schale und Saft einer halben Zitrone

Die Himbeeren mit dem Zucker in einem Topf vermischen und 10 Minuten ziehen lassen. Jetzt langsam aufkochen und die Schale sowie den Saft der Zitrone hinzugeben. Die Sauce nochmals aufkochen lassen und dann pürieren. Nun das Fruchtpüree durch ein Sieb streichen und auskühlen lassen.

KATIS TIPP: »Auch sehr geschmackvoll mit Brombeeren oder Heidelbeeren. Die Himbeerfruchtsauce ist nicht nur auf Eis und Dessert sehr lecker, sie schmeckt auch gut in Sekt oder Cocktails.«

»Feinste Vanille, leichte Orangennote und sahnige Konsistenz.«

VANILLESAUCE

200 ml	Sahne
100 ml	Milch
75 g	Zucker
1	Msp. Vanillemark
2 EL	Cointreau
1 EL	Stärke
2	Eigelb
1	Prise Salz

Die Sahne mit Milch, Zucker, Salz und Vanillemark aufkochen. Die Stärke mit dem Cointreau verrühren und damit die Vanillesauce binden. Den Topf von der Kochstelle nehmen und das Eigelb mit einem Schneebesen unter ständigem Rühren einrühren, bis die Sauce nach und nach abkühlt.

KATIS TIPP: »Den Cointreau gegen Orangensaft oder Milch austauschen – und die Sauce ist ohne Alkohol. Super lecker zu Quarkkrapfen (Seite 156), Apfelstrudel oder Hefekloß (Seite 132).«

GETRÄNKE

Egal, ob selbst gemachte Limonade, Cocktail oder Likör – Getränke der Marke »Hausgemacht« kommen bei jedem gut an und sind trotz des Zuckers in so manchem Rezept noch tausendmal gesünder, als der industrielle Einheitsbrei.

Likör oder Sirup lassen sich voll und ganz nach den eigenen Maßstäben ausrichten, wenn man selbst Hand anlegt. Der eine mag es lieber süß, der andere sauer, bitter oder scharf – alles kein Problem, denn schließlich ist man ja selbst derjenige, der den Geschmack nach eigenem Belieben bestimmt.

Auch als Mitbringsel oder kleines Geschenk überzeugen diese einfachen, aber mit Liebe zubereiteten Sonderlinge und bringen neue Geschmacksebenen in die Gläser von Freunden und Familie.

Getränke

Der doppelte Felix: Weinverkostung mit Kellermeister Felix und Qualitätsmanager Paul. Die Heimatlon-Weine stammen von der fränkischen Winzergenossenschaft DIVINO aus Nordheim.

Getränke

»Sahnig und mit feinstem Pfirsicharoma.«

PFIRSICH-JOGHURT-SMOOTHIE

750 g	Weinberg-pfirsichfleisch	
400 ml	Orangensaft	
500 g	Naturjoghurt	

Alles im Mixer fein pürieren.

KATIS TIPP: »Schmeckt auch mit Aprikosen- und Maracujasaft. Statt Joghurt geht auch Molke, Buttermilch oder Skyr.«

»Ausgewogen fruchtig und vitalisierend.«

KIRSCH-SMOOTHIE

400 g	Banane
450 g	Apfel
400 g	Kirschen, entkernt
500 ml	Kirschsaft

Alles im Mixer fein pürieren.

KATIS TIPP: »Wohlschmeckend auch als kleines Frühstück oder für zwischendurch mit einem Esslöffel Chia- oder Leinsamen, die man nach dem Mixen dazugibt.«

»Exotisch anders mit leicht mediterranem Hauch.«

ANANAS-BASILIKUM-SMOOTHIE

500 g	Ananaswürfel
40 g	Basilikum
200 ml	Orangensaft
2 EL	Zitronensaft

Alles im Mixer fein pürieren.

KATIS TIPP: »Den fertigen Smoothie in Eiswürfelformen geben, einfrieren und als Eiswürfel für Sekt, Bowle oder Cocktails z. B. Smashing Pumpkin (Seite 184) nehmen. Das ist der Party-Gag schlechthin.«

»Blumig und frühlingshaft belebend.«

LÖWENZAHN-ZITRONENSIRUP

Getränke

200 g	Löwenzahnblüten
1 l	Wasser
500 ml	Zitronensaft
500 g	Zucker
1	Zitrone in Scheiben geschnitten
100 g	Waldhonig

Alle Zutaten in einem Topf zum Kochen bringen und für 30 Minuten leicht köcheln lassen. Dann durch ein Sieb gießen und den Sud nochmals 30 Minuten köcheln. Abkühlen lassen und mit 4 cl Sirup auf 250 ml Sodawasser in leckere Limonade verwandeln.

»Erfrischende Kräuter und süße Sommerkirschen.«

KIRSCH-BASILIKUMSIRUP

1 l	Wasser
250 g	Zucker
2	Bund Basilikum (etwa 60 g)
500 g	Sauerkirschen, entsteint (TK)
500 ml	Sauerkirschsaft

Wasser, Zucker, entkernte Kirschen und einen Bund Basilikum für 45 Minuten zusammen köcheln. Den Kirschsaft dazugeben und weitere 15 Minuten vor sich hin kochen lassen. Dann nochmals einen Bund Basilikum dazugeben, 3 Minuten köcheln und dann nur noch 10 Minuten ziehen lassen. Durch ein Sieb gießen, kaltstellen und mit 4 cl Sirup auf 250 ml Sodawasser fruchtig-frische Limonade zaubern.

KATIS TIPP: »Den Kirschsirup kann man mit etwas Aperitivo Rosato und Sekt in ein fruchtig-frisches Sommergetränk verwandeln. Der Löwenzahnsirup schmeckt am besten als eiskalte Limonade oder zum marinieren von Ananas- oder Mangosalat. Mit etwas Sirup, Essig, Olivenöl, Salz und frischen Kräutern wird aus dem Sirup ein fruchtig-süßes Salatdressing.«

»Vollmundig süß und herbstlich anders.«

KÜRBIS-ORANGENSIRUP

300 g	Hokkaidokürbis
300 g	Orangen
500 g	Zucker
30 g	Ingwer
1 L	Wasser
500 ml	Orangensaft

Den Kürbis schälen, entkernen und fein raspeln. Die Orangen schälen und in kleine Würfel schneiden. Nun den Ingwer schälen und ebenfalls ganz fein hacken. Alles zusammen mit dem Zucker in einem weiten Topf langsam erhitzen. Das Wasser und den Orangensaft dazugeben und alles 1 Stunde langsam köcheln. Den Sud nun durch ein feines Sieb gießen und kaltstellen. Für ein Glas Limonade gibt man 4 cl Sirup auf 250 ml Sprudelwasser.

»Kräftig und herb-säuerlich.«

HOLDERBEERE-LIMETTENSIRUP

500 g	Holderbeeren
2	Limetten
500 g	Zucker
250 ml	Limettensaft
1 L	Wasser

Die Holderbeeren mit den in Würfel geschnittenen Limetten und dem Zucker langsam erhitzen. Dann das Wasser und den Limettensaft dazugeben und alles 1 Stunde köcheln lassen. Durch ein feines Sieb gießen und kaltstellen. Auf 250 ml Sodawasser gibt man 4 cl Sirup und erhält eine erfrischende Limonade.

KATIS TIPP: *»Beide Sirups sind in unseren Cocktails (Seite 184) der Hammer! Aber auch als Limonade, Bowle oder in Wein und Sekt schmecken sie außerordentlich gut. Wenn man sich ein paar Früchte zum Eisbecher marinieren möchte, bieten sich die beiden auch sehr gut an.«*

»Erfrischend sommerlich
durch fruchtige Beeren und Ingwer.«

ERDBEER-INGWERSIRUP

Getränke

500 g	Erdbeeren (zweite Wahl oder TK)
400 g	Zucker
40 g	Ingwer
1	Msp. Vanillemark
1 L	Wasser
1	Zitrone in Scheiben
50 ml	Zitronensaft

Alle Zutaten außer dem Zitronensaft in einen weiten Topf geben und zum Kochen bringen. Der Sirup sollt so lange kochen bis circa ¼ der Flüssigkeit reduziert ist. Nun den Zitronensaft dazugeben und ohne zu pürieren durch ein feines Sieb abseihen.

Servierhinweis: 4 cl kalter Sirup auf 250 ml Mineralwasser.

KATIS TIPP: »Wenn es heiß ist und alle im Garten sind, ist das ein absoluter Durstlöscher. Am besten in einem großen Krug mit Zitronenscheiben, Eiswürfeln, Mineralwasser und frischer Minze servieren. Aber auch in einem Gläschen Sekt schmeckt der Sirup einzigartig.«

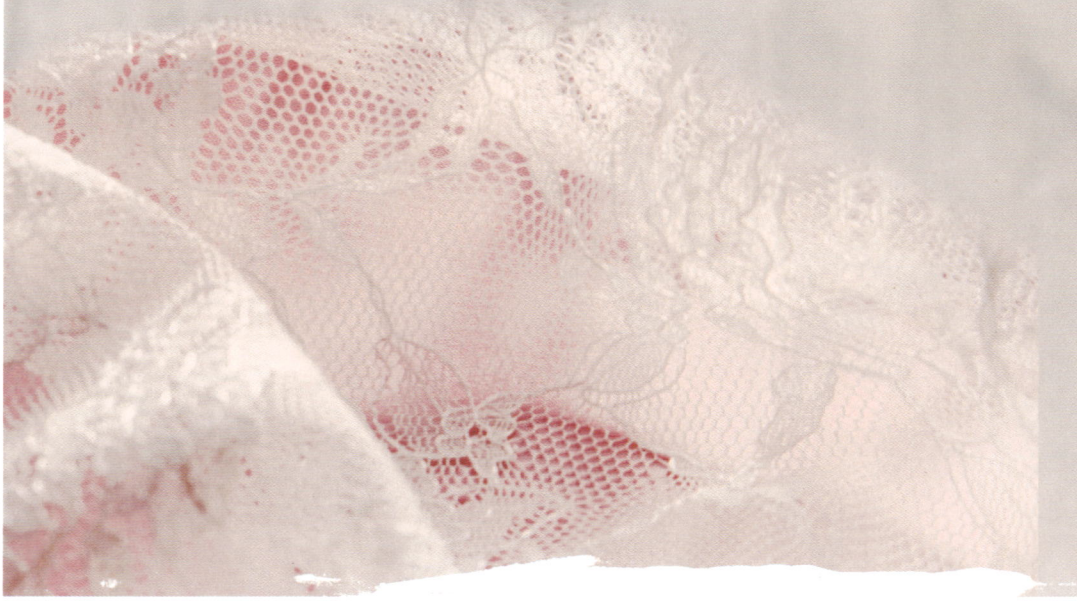

»Klassisch cremig, mit Aromen
von Kokos, Vanille und Ei.«

EIERLIKÖR

500 ml	Kokosmilch
200 g	Zucker
1	Msp. Vanillemark
1	Prise Salz
300 ml	Black Tears Rum (alternativ Captain Morgan)
500 g	Eigelb (in etwa von 20 Eiern)

Die Kokosmilch mit dem Zucker, der Vanille und dem Salz aufkochen und vorerst vom Herd nehmen. Jetzt unter ständigem Rühren nach und nach das Eigelb in die Kokosmilch rühren. Den Topf wieder auf den Herd geben und bei niedriger Hitze unter dauerhaftem Rühren auf ungefähr 60 Grad erwärmen. Dadurch wird das Eigelb pasteurisiert und der Likör fein cremig. Nun die Creme in eine Schüssel geben und den Rum dazu gießen. Nur noch abkühlen lassen und in Flaschen abfüllen.

KATIS TIPP: »Eisbecher und Apfelstrudel sind die besten Freunde dieses Eierlikörs. Aber auch einen Kaffee kann man damit in eine wahre Spezialität verwandeln. Natürlich klassisch im Waffel- oder Schokobecher serviert.«

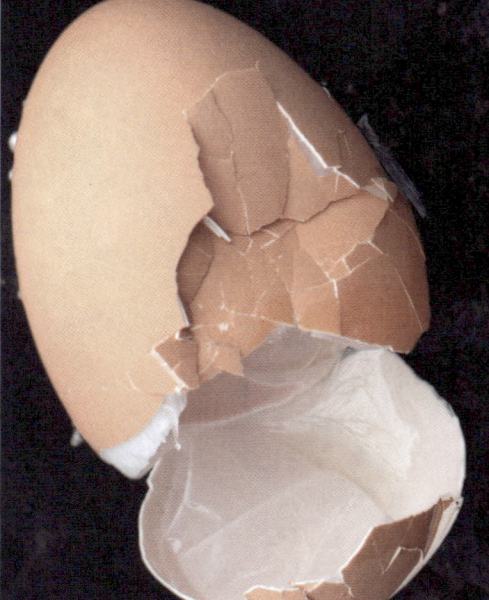

»Volles Nussaroma mit feinen
Schokoladentönen.«

NOUGATLIKÖR

Getränke

300 g	Zucker
200 ml	Wasser
500 ml	Haselnussbrand
400 g	Nougat
250 ml	Weinbrand
+	Salz

Den Zucker mit dem Wasser aufkochen und das Nougat darin auflösen. Nun die restlichen Zutaten hinzugießen und mit einer Prise Salz abrunden.

KATIS TIPP: *»Sehr lecker in einem Eiskaffee oder einer Eisschokolade, aber auch in Latte Macchiato oder Cappuccino. Als Dessertsauce auf Eisbechern oder Schoko-Mousse (Seite 154) ist der Likör sehr zu empfehlen. Ich nehme am liebsten unser Thüringer Viba Nougat dafür.«*

»Milder und süß-saurer Likör mit vollem Fruchtaroma – besonders dann, wenn man die Erdbeeren von Omas Beet stibitzt.«

ERDBÄRCHEN

1 kg	Erdbeeren, frisch
500 ml	Wodka
350 ml	Zitronensaft
500 g	Zucker
250 ml	Wasser
1	Msp. Vanillemark
+	Salz

Den Zucker mit dem Vanillemark, einer Prise Salz und dem Wasser aufkochen und abkühlen lassen. Die Vanilleschoten wieder herausnehmen.

Diesen kalten Läuterzucker (Zuckersirup) nun mit den restlichen Zutaten fein mixen und durch ein Sieb gießen.

KATIS TIPP: *»Diesen fruchtigmilden Beerendrink serviere ich meinen Freunden gern nach einem deftigen Barbecue. Ein, zwei Gläschen vom eisgekühlten Erdbärchen erfrischen und lockern die Stimmung. Man kann aber auch einen leckeren Aperitif mit etwas Sekt und Aperitivo Rosato (bspw. von Ramazotti) mixen.«*

Getränke

»Kräftig, blumig, süffig.«

SMASHING PUMPKIN

4 cl	Kürbis-Orangensirup	
4 cl	Wodka	
2 cl	Aperol	
150 ml	Ginger Ale	
+	Orangenscheibe	
+	Minze	

Alle Zutaten in einem Cocktailglas mischen und mit der Orangenscheibe und der Minze garnieren.

»Leicht bitter und beerig.«

HOLY HOLDER

4 cl	Holderbeeren-Limettensirup	
4 cl	Gin	
2 cl	Limettensaft	
150 ml	Tonic	
+	Limettenscheibe	
+	Minzblatt	

Alle Zutaten in einem Cocktailglas mischen und mit Limette und Minze garnieren.

KATIS TIPP: »Eine Party mit Freunden wird mit ein paar frisch gemixten Cocktails einfach etwas ganz Besonderes. Es lassen sich auch leckere alkoholfreie Cocktails für Kinder oder Fahrer mixen. Beim Pumpkin tausche ich Wodka und Aperol gegen Maracujasaft und ein paar Mangowürfel. Beim Holder tausche ich Gin gegen Grapefruitsaft und ein paar frische Himbeeren. Probieren Sie es doch einfach mal aus!«

Gartenparty mit Familie und Freunden – auch hier sind die Heimatlon-Rezepte geschätzt und willkommen.

Die sollten Sie kennen.

WICHTIGE ADRESSEN

Für den absoluten Genuss
—
www.heimatlon.de
Hauptstr. 90,
98587 Steinbach-Hallenberg

**Für die besten und schärfsten
Messer der Welt**
—
Olaf Lindenlaub und
Dennis Wagner
www.zangen-wagner.de
Im Mondebich 2,
98587 Springstille

**Für feinste Spirituosen und
Thüringer Feinkost**
—
Handel und Tanken Gießler
www.tankegiessler.de
Hauptstr. 44,
98529 Suhl-Mäbendorf

**Für bestes heimisches
Wildfleisch**
—
Simone Gießler
Hauptstr. 44,
98529 Suhl-Mäbendorf

Für Holzbretter aller Art
—
Tischlerei Stockmann
und Gassert
www.stockmann-gassert.de
Rohrsach 4, 98530 Marisfeld

**Für das beste Geflügel,
Erdbeeren und Spargel**
—
Christians Geflügelhof
www.christians-erdbeerhof.de
Mellrichstädterstr. 41,
97638 Mellrichstadt

Für das beste Fleisch
—
Metzgerei Frank
www.pension-frank-struth.de
Hauptstr. 53,
98593 Floh

Für beste Weine
—
DIVINO
www.divino-wein.de
Langgasse 33,
97334 Nordheim am Main

Für besten deutschen Honig
—
Steffen Ilgen
Mühlberg 11,
98574 Asbach

**Für das beste Grill-
und Räuchererlebnis**
—
www.keraking-grill.de
WWS Keramik Neuhaus GmbH
Industriestr. 17a
96524 Neuhaus-Schierschnitz

**Für heimatlichen Likör
und Gin**
—
www.wiegandweimar.de
Wiegand Manufactur Weimar
Jakobstr. 33,
99423 Weimar

Für ausgezeichnetes Bier
—
Rother Bräu
www.wir-sind-rhoener-bier.de
Birkenweg 2, 97647 Hausen
—
Maisel and Friends
www.maiselandfriends.com
Hindenburgstraße 9,
95445 Bayreuth

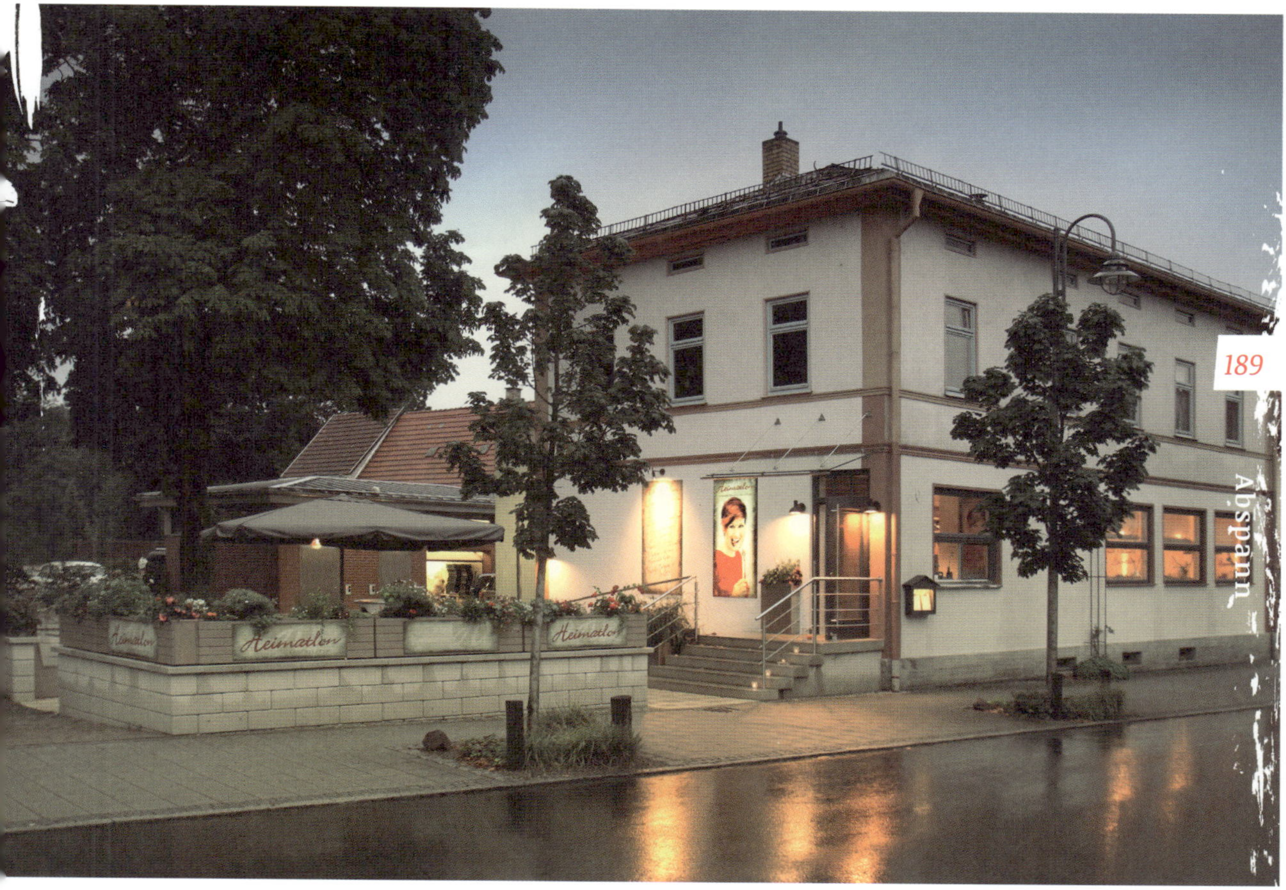

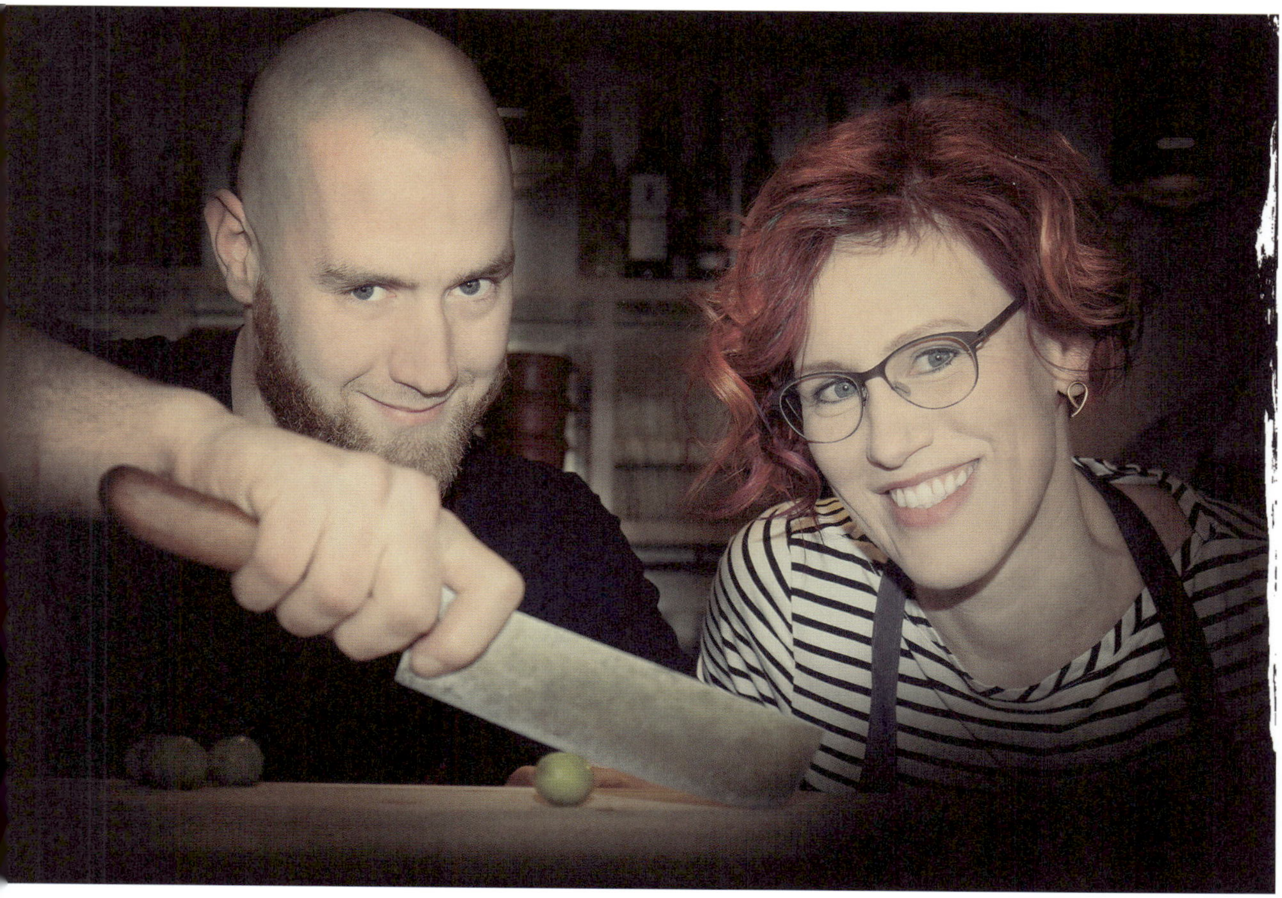

Das Besondere am Heimatlon-Kochbuch ist die Kombinationsfähigkeit vieler der vorgestellten 100 Rezepte. Durch diese alternativen Möglichkeiten finden Sie hier also nicht nur 100 Rezepte, sondern mindestens 60 weitere, die es lohnt, auszuprobieren. Anhand der Seitenangaben und dazugehörigen Verweise bei jedem einzelnen Rezept, lassen sich schnell

KATIS TIPP-REGISTER

Abspann

und unkompliziert neue Variationen erkennen – und dann natürlich auch herstellen. Probieren Sie es aus – und fügen Sie eventuell sogar neue Kombinationen, neue Rezepte hinzu.

Seien Sie kreativ, probieren Sie sich aus – und dann lassen Sie es sich schmecken!

LIEBEN DANK!

Kati sagt Danke

Ganz besonders und zu allererst möchte ich mich bei meiner Familie bedanken, die so oft auch mal ohne ihre Mama auskommen muss und mit denen ich dafür jede freie Minute unglaublich genieße. Auch meinen Eltern möchte ich danken. Sie sind die guten Geister im Hintergrund, die nicht nur im Heimatlon helfen, wenn Not am Mann ist, sondern mir auch immer den Rücken frei halten und für meine Kinder da sind, wenn sie gebraucht werden.

Danke an dieser Stelle an Kristin. Zu ihr darf ich mit jedem Problem – und auch zu jeder Uhrzeit kommen. Es ist so schön, eine beste Freundin zu haben.

Ein großes Dankeschön gilt natürlich meinem Team. Felix, David, Franzi – vielen Dank für eure super Unterstützung, das tolle Arbeitsklima und auch für euren Mut und euer Vertrauen, euch in dieses Abenteuer mit mir Neu-Gastronomin zu stürzen.

Und nicht zuletzt bedanke ich mich bei all unseren Gästen, die seit der Eröffnung des Heimatlons unsere Küche zu schätzen wissen und dies auch weiter erzählen.

Felix möchte Danke sagen:

Meiner wundervollen Freundin Sandra für ihre Geduld, Akzeptanz und großartige Unterstützung jeden einzelnen Tag. Meinem Papa und meiner Mama für vollen Rückhalt in allen Lebenslagen und für das beste Vollkornbrot und die besten Heringe der ganzen Welt. Meinem Bruder für seine Objektivität, seine kritische Zunge und das Anspornen, weiter zu denken. Meiner Schwester, die alles verkosten musste. Meiner Oma Christa für ihre Kochkünste, welche mich dazu bewegten, Koch zu werden, und die für mich wohl unerreicht bleiben. Meinen österreichischen »Eltern« Wolfram und Irene Hartmann. Meiner ganzen

Familie und meinen Schwiegereltern, die mich bei allen verrückten Aktionen immer mit 100 Prozent unterstützen, inspirieren und motivieren.

Christopher Schönefeld, meinem einzig wahren Lehrmeister und Vorbild. Rolf und Kerstin Morgenroth, die mich früh auf kulinarische Wege führten. Meinen Freunden Levin, David, Thomas und den Stefans für viele geile Stunden an Grill, Herd und Lagerfeuer. Danke an Olaf und Dennis für die besten Kochmesser auf diesem Planeten. Danke an die Tischlerei Stockmann und Gassert für maßgeschneiderte Holzbretter. Und zu guter Letzt: Dank an Justus, Peter und Bob, die mir das Schreiben vereinfacht haben.

MEINE NOTIZEN

Abspann

 Scannen Sie diesen QR-Code mit Ihrem Smartphone oder Tablet und nutzen Sie alle Rezepte aus diesem Buch auch online – unterwegs im Urlaub, bei Freunden oder einfach nur da, wo das Heimatlon-Kochbuch gerade nicht zur Hand ist.